本书获得河南省特色骨干学科建设项目（编号：教高［20　　助，是河南油田工程咨询股份有限公司产学研合作成果

油田物流系统优化与经济效益评价研究

RESEARCH ON THE OPTIMIZATION AND
ECONOMIC EVALUATION OF OILFIELD
ENTERPRISE LOGISTICS SYSTEM

赵崤含 ◎ 著

经济管理出版社
ECONOMY & MANAGEMENT PUBLISHING HOUSE

图书在版编目（CIP）数据

油田物流系统优化与经济效益评价研究/赵崤含著.—北京：经济管理出版社，
2021.2
　ISBN 978 - 7 - 5096 - 7771 - 1

　Ⅰ.①油…　Ⅱ.①赵…　Ⅲ.①油田工厂—物资供应部门—系统优化—研究—中国
②油田工厂—物资供应部门—经济评价—研究—中国　Ⅳ.①F426.22

中国版本图书馆 CIP 数据核字（2021）第 031300 号

组稿编辑：张馨予
责任编辑：杜　菲
责任印制：任爱清
责任校对：陈晓霞

出版发行：经济管理出版社
　　　　　（北京市海淀区北蜂窝 8 号中雅大厦 A 座 11 层　100038）
网　　　址：www. E - mp. com. cn
电　　　话：(010) 51915602
印　　　刷：唐山昊达印刷有限公司
经　　　销：新华书店
开　　　本：720mm×1000mm/16
印　　　张：12
字　　　数：211 千字
版　　　次：2021 年 2 月第 1 版　　2021 年 2 月第 1 次印刷
书　　　号：ISBN 978 - 7 - 5096 - 7771 - 1
定　　　价：78.00 元

前　言

我国原油后备储量不足,吨油成本居高不下,人多油少的矛盾愈发突出,因而,如何降低成本增加效益成为我国油田可持续发展的迫切需要。作为集勘探、开发、炼油、化工为一体的油田企业,为提高在国际市场中的竞争能力,在控制吨油成本指标方面做出了很大努力,但随着吨油成本中的勘探、开发、开采和管理成本的可压缩空间越来越小,寻找新的利润增长点就成了各大油田企业保持强劲竞争力的重要着力点。目前,物流和配送优化已经成为许多大型企业降低成本、提高竞争力的重要措施。由于油田实施物流系统优化能有效降低库存和减少物资配送成本,因此成为油田企业降本增效的一条重要途径,也是挖掘"第三利润源泉"的突破口。本书据此为背景以物流经济学和最优化相关理论为基本方法从油田物流系统中的物资需求预测、仓储选址及评价、配送路径优化和物流系统的经济评价四个方面入手,对油田物流系统优化和评价展开研究。

首先阐述了油田企业物流系统优化与经济评价的研究背景、目的和意义,继而总结了国内外在此领域的相关研究现状、研究成果及不足之处,在此基础上确定了本书的四个主要研究内容、相关的研究方法和技术路线。上述相关研究的主要结论如下:

第一,针对油田企业物资需求预测,首先根据影响油田企业物资需求规律的不同因素将油田物资分门别类,据此为每类物资的需求规律建立了以基于遗传优化的可变学习率小波神经网络模型为主的预测方法。该方法通过小波分析与神经网络嵌套的方式构建了小波神经网络预测模型,由于小波神经网络能够通过调整小波系数使网络具有更强的函数逼近能力,特别是在突变点上的预测能力上要大大优于传统神经网络，因而有效地弥补了传统神经网络易陷入局部极小点的缺陷。为进一步提高小波神经网络预测模型的训练速度和预测精度，减少网络震荡，本书利用遗传算法对神经网络的初始权值和小波系数进行了优化，通过可变学习速率更新网络权值，有效地提高了网络的预测性能。本书以中石化某油田企业为例详细阐述了该预测方法的应用。实证结论表明，上述预测方法可以对油田企业物资中资金占比超过 71.13% 的物资进行预测，预测误差小于 1%。研究结论能大大提高油田生产经营过程中的关键物资需求预测的准确性，可以有效指导采购行为，对于减少库存中大额物资的储备、保证供应具有重要的实践指导意义。

第二，针对油田企业仓储选址问题，由于其是一个中长期决策，所以在进行仓储选址时，大量油井位置尚未确定，为了提高仓储设施的经济性和服务性，首先结合油田企业的生产计划，通过蒙特卡罗随机模拟的方法产生井口数量和位置，得到各油井所需物资数量。继而，为获得油田企业仓储设施的合理候选点，建立一个二级连续选址模型，并构建精确算法求出其最优解。为提高大规模连续选址模型的求解效率，通过将 Matlab 软件中内嵌的 Fmincon 函数嵌入遗传算法中构建了改进遗传算法，该算法利用 Fmincon 函数对该问题进行了局部搜索，把得到的局部最优解作为新的个体融入遗传算法的种群中参与进化。因此，该算法不但综合了遗传算法全局搜索的优点，也利用 Fmincon 函数增加了其局部搜索的能力，有效地提高了求解精度。以求得的连续选址模型的解为圆心，通过逐步扩大半径长度（以每公里为步长）的形式在地图上作圆，直到该圆形区域内出现足够多的可行仓储候选点为止（本书所述的中石化某油田案例中确定的半径长度为 30 千米，此时圆形区域内包含了 7 个可行仓储候选点）。本书以中石化某油田企业仓储选址的实际问题为例对该方法进行了验证，结论表明，上述模型和算法确定的仓储位置符合企业的实际需求。

第三，针对油田仓储选址的评价问题，找出影响油田仓储选址的主要因素并按照定量与定性的标准划分类别，进而构造出科学、合理的油田仓储选址评价指标体系，在综合比较多种评价方法的基础上采用基于层次分析法的仓储评价方法对各候选仓储位置进行综合评价，通过对各候选仓储点按综合得分排序，找出企业满意的仓储位置。

第四，针对油田物资配送优化问题，由于仓储中心与各个配送点之间的道路复杂多样，因此，对不同道路通过赋予权重的方式划分类别，继而以乡镇为单位明确各个模拟井口位置与具体乡镇的隶属关系，将各个乡镇的中心位置作为对应井口的物资配送点。然后对配送费用进行预测，将该配送过程设计成可视化界面。

第五，根据物流经济学理论对油田物流系统进行了经济评价，分析了优化后物流系统的活动效果。以各项成本费用为投入指标、以优化后的成本节约值为输出指标，建立了基于数据包罗分析方法的油田企业物流系统投入产出经济效率评价模型，并以中石化某油田企业的物流系统为例详细阐述了该评价方法的应用。通过以上经济评价可进一步揭示油田物流系统优化的经济效益，从而转变油田企业物流管理的观念，提高企业对物流系统的重视程度，并明确油田物流系统中不合理的环节，为油田物流成本控制与管理提供新的思路。

第六，对全书内容及研究结论进行总结，并对有待进一步深入研究的地方提出未来研究的方向。

目　录

第一章　引言 ………………………………………………………… 001

一、研究背景及问题提出 ………………………………… 001

二、研究目的和意义 ……………………………………… 004

三、主要研究内容 ………………………………………… 007

四、研究方法和技术路线 ………………………………… 010

五、研究创新点 …………………………………………… 015

第二章　国内外研究综述 …………………………………… 017

一、油田企业物资需求预测国内外研究现状 …………… 018

二、油田仓储选址优化国内外研究现状 ………………… 022

三、油田物资配送优化国内外研究现状 ………………… 025

四、油田物流系统经济评价国内外研究现状 …………… 027

五、存在的问题与不足 …………………………………… 029

第三章　油田企业物资需求规律预测方法 ……………… 031

一、背景介绍 ……………………………………………… 031

二、油田企业关键物资及其分类 ………………………… 032

三、基于遗传算法优化的可变学习率小波神经网络预测模型 … 036

四、中石化某油田关键物资需求规律预测案例 ………… 055

五、本章小结 ……………………………………………… 064

第四章　不确定性需求下油田企业仓储选址研究 ················ 065

一、问题背景 ················ 065

二、仓储选址问题的基本理论与方法 ················ 066

三、油田企业中不确定性井位模拟 ················ 076

四、两级连续仓储选址模型的建立 ················ 084

五、本章小结 ················ 093

第五章　油田企业仓储选址综合评价 ················ 095

一、背景介绍 ················ 095

二、油田仓储选址的基本原则 ················ 095

三、仓储选址评价指标设立原则 ················ 097

四、仓储选址评价指标类型 ················ 099

五、油田仓储选址评价方法的选取 ················ 100

六、基于层次分析法的某油田仓储选址评价案例研究 ················ 105

七、本章小结 ················ 119

第六章　考虑路径加权的物资配送费用优化研究 ················ 120

一、背景介绍 ················ 120

二、配送的基本理论 ················ 121

三、油田物资配送过程中存在的主要问题 ················ 124

四、中石化某油田物资配送费用预测案例 ················ 126

五、油田所辖油区单趟配送费用预测可视化界面设计 ················ 137

六、本章小结 ················ 141

第七章　油田物流系统经济效益评价 ················ 142

一、问题背景 ················ 142

二、评价指标体系的构建 ················ 143

三、物流成本控制评价 ·················· 148

四、基于 DEA 方法的油田企业物流系统规模效益分析 ·········· 152

五、本章小结 ····················· 159

第八章　总结与展望 ·················· 160

一、结论总结 ····················· 160

二、研究展望 ····················· 162

附　录 ·························· 164

参考文献 ························ 169

第一章

引　言

一、研究背景及问题提出

（一）研究背景

　　油田企业在社会经济生活中占据着非常重要的地位，由于其生产和销售活动的计划性相对较强，因此在很长一段时期内，油田企业的产品和生产物资都较大程度上借助国家的计划体系实现分配和流通，从而导致油田企业的物流管理水平长期得不到提高。更严重的是，由于其属于国家垄断行业，长期以来产生的垄断利润基本掩盖了其在经营管理上存在的诸多问题，因此，油田企业在经营活动中往往忽视了自身物流系统的优化。但国家逐步放开对石化行业的市场管制、国际竞争的国内化演变、低投入和高效的产品及服务的流通渠道对油田企业的生存和发展均产生了重要影响（杨东红，2013）。若油田企业仍然单纯重视生产而不重视物流，很容易在市场竞争中被淘汰。随着我国的油田企业步入日益激烈的国际市场竞争，不能再单纯地通过在生产领域的规模效应来获取竞争优势。因此，油田企业在寻求产品生产经营的成本优势和差别化优势的同时，应努力寻找新的利润增长点。

Christopher（2010）指出 21 世纪的竞争不再局限于企业之间，而是扩展到供应链之间，或是物流系统之间。提高供应链整体竞争力的关键是供应链整体系统的协调。我国原油后备储量不足，吨油成本居高不下，人多油少的矛盾愈发突出，因而，如何降低成本增加效益成为我国油田可持续发展的迫切需要。作为集勘探、开发、炼油化工为一体的油田企业，为提高其在国际市场中的竞争能力，在控制吨油成本指标方面做出了很大努力。但随着吨油成本中的勘探、开发和管理成本的可压缩空间越来越小，寻找新的利润增长点就成了各大油田企业保持强劲竞争力的重要途径。目前，物流和配送产业已经成为许多大型企业降低成本，提高竞争力的重要措施（兰洪杰，2001）。油田实施自身的物流系统优化能够有效降低库存和减少物资配送成本，因而成为油田企业降本增效的重要途径，也是挖掘"第三利润源泉"的突破口。

油田企业中的物资，一般指的是生产过程中所消耗的生产资料，如原材料、燃料、配件、生产工具等。油田企业物流系统通常指包括原材料等一切物资资料的采购、运输、仓储、用料管理和物料发放等为油田企业的生产活动而开展的相关辅助服务活动。物流系统优化的主要目的是通过管理物料需求计划、采购、运输、仓储、保管和领料等活动，解决物资供应和需求之间存在的时间、空间、数量、品种、规格、价格和质量等方面的矛盾，衔接好油田企业在生产中的各个环节，确保油田企业生产的顺利进行。国家"十二五"规划把物流产业作为国民经济发展新的增长点。作为国家大型企业的油田应结合自身的发展特点，顺应形势发展，充分运用现代物流理论以及信息技术，整合优化原有的采购、运输、生产、仓储和配送等部分来对油田物资配送实施科学有效的管理，从而应对日益加剧的国际市场竞争压力。

然而，长期以来，石油企业对自身物流系统的重要性缺乏必要的认识，抑或是只注重某个环节、某个活动、某个方面的提高，而不寻求整个物流系统的协调和优化，这严重影响了油田企业现代管理水平和综合竞争能力的提高。

（二）问题提出

本书选题来源于诸克军教授主持的中国石化公司华北石油局委托项目"油田物资仓储与配送系统优化研究"与王德运副教授主持的国家自然科学基金项目"供应链中生产、存储与运输的协同调度建模与优化研究"（No. 71301153）。在此背景下，围绕油田企业物流系统的优化主要研究如下问题：

油田企业在勘探、开发过程中所需的物资是整个企业物资需求的主体，其需求量的合理预测对于加强物资计划和采购、提高物资计划的及时性和准确性、节约仓储成本具有重要意义。油田企业下属子单位多，生产过程中所需要的物资种类繁多，且数量不一，规格复杂，要做到不错订、漏订，提高采购工作效率，就必须用计划引导采购，发挥计划的龙头作用。但在油田实际的生产经营过程中往往会出现某些物资供不应求，导致生产中断从而引起损失，另一些物资又超储积压，占据大量资金，使得企业在日益加剧的市场竞争中处于不利地位。高效科学的物资计划管理不仅能有计划地控制进货，按计划调节余缺，管理库存，防止超储积压资金浪费，还能准确预见市场的供求状况，对预期供求趋紧的物资提前进行采购计货，以保证生产建设的顺利进行。

油田企业仓储选址是一个中长期决策，在进行仓储选址时，大量油井的实际位置尚未确定，仍处于勘探或开发阶段中的某个过程，因此其仓储选址问题属于不确定性需求下问题。因此，在仓储选址过程中为了提高仓储设施在企业将来生产经营过程中的经济性和服务性，应采取适当方法根据油田的生产计划合理预测油井的数量和位置，计算各个油井的物资需求种类和数量，继而根据预估的油井数量和位置建立适当的选址模型并建立求解算法。在确定选址评价指标体系的前提下对各仓储候选点进行评价，得出满意的仓储位置。

油田企业大多位于交通不便利的地区，物资配送过程涉及的道路类型复杂多样，如何对不同道路通过赋予不同权重的方式进行类别划分，如何将各个模拟井口位置按照一定规则聚类，对建立起更加贴近实际的物资配送优化模型有重要意义，同时，建立起的配送优化模型对降低油田企业物资配送成本也起着重要作用。

随着供应链与物流产业的高速发展和国内外市场竞争的日益加剧，油田作为集采购、勘探、开发、配送和销售为一体的大型企业，不仅需要重视降低生产过程中的各项成本支出，对于物流系统中潜在的利润也需要给予足够的重视。但由于我国石化行业的垄断特性，致使很多油田企业对物流系统中蕴含的巨大效益潜力还未能充分认识。本书依据物流经济学等相关理论对油田物流系统中的各项财务指标进行详细的分析和评价，分析优化后的物流系统的活动效果，可以进一步明确油田物流系统中不合理的环节，为油田物流成本控制与管理提供新的思路。

二、研究目的和意义

（一）研究目的

本书结合物流经济学和最优化相关理论在油田企业物流系统优化及经济效益评价中的应用开展研究，目的是在理论与实践相结合的基础上寻求解决适用于油田企业生产经营需求的物流系统效率改进方法，丰富和完善物流经济学及最优化应用相关模型理论，具体包括物资需求预测方法、需求不确定条件下的仓储设施选址和评价、物资配送费用优化及物流系统经济效益评价四个方面，以期为油田企业寻找新的利润增长点，提高企业综合竞争力提供理论依据。本书的研究目的为：

1. 建立油田企业物资需求预测模型

通过对影响油田物资需求规律的相关因素分析，将油田物资分类，并使用不同的预测方法建立相应的油田物资需求模型，提高物资供需计划的及时性和准确性、节约仓储成本。

2. 建立油田企业仓储设施选址模型

根据油田企业生产经营的特殊性，通过蒙特卡罗模拟方法预测油田企业在未来一段时期内合理的油井数量和位置，以此为基础建立在油井位置不确定条件下油田企业的仓储选址模型和求解算法，使该模型在满足企业当前生产经营需要的前提下，增强油田企业仓储设施在企业后续生产经营过程中的经济性和服务性。

3. 建立仓储选址的评价模型

油田仓储选址涉及经济、社会、自然、政治和人文等多方面的因素影响，如何对满足企业需要的多个仓储候选点根据企业关心的指标数据进行排列，以便选出企业满意的最终仓储候选点，这对于企业仓储位置的合理确定有着重要意义。在遵循仓储选址工作一般性原则的基础上，找出影响油田企业仓储选址的主要因素，将其按照一定标准归类，综合比较多种评价方法并选定适合油田企业仓储选址的评价方法，使评价结论更加贴近实际。

4. 油田物资配送费用优化

根据模拟得出的油井数量和位置，结合油田生产经营的实际，就油田企业的物资从仓储设施到需求点之间配送费用进行优化。由于仓储设施到需求点之间的路径复杂多样，通过对不同道路加权的方式建立油田企业物资配送费用优化模型，有效降低油田企业物资配送成本，以增加企业效益。

5. 油田企业物流系统经济评价

根据经济评价相关参数及油田企业各类财务指标建立物流系统项目的输入、输出指标，对评价期内的成本控制效果进行分析。通过对油田物流系统建设项目 DEA 方法的规模收益评价，进一步揭示实行油田企业物流系统优化带来的成本优势和经济效益及物流系统仓储设施建设的规模收益。

通过对上述油田物流系统的优化使本书研究达到帮助油田企业降本增效，提高综合管理水平和竞争能力的目的。

（二）理论意义

丰富了物流系统研究的范畴。通过对油田企业物流系统问题的研究，拓宽了物流系统研究的领域，建立了一套比较完整的理论体系，可以进一步丰富和完善物流系统优化的理论体系，有较高的理论意义。

在综合物流系统工程思想的基础上，运用包括小波神经网络在内的多种预测方法及蒙特卡罗模拟方法、遗传算法、重心选择法等多种技术解决问题。上述研究方法的建立具有一定的普适性，可以被借鉴到解决其他物流系统问题中。

（三）实践意义

作为集勘探、开发、炼油化工为一体的油田企业，为提高其在国际市场中的竞争能力，在控制吨油成本指标方面做出了很大努力。但随着吨油成本中的勘探、开发和管理成本的可压缩空间越来越小，寻找新的利润增长点就成了各大油田企业保持强劲竞争力的重要方面。目前，物流和配送产业已经成为许多大型企业降低成本，提高竞争力的重要举措（兰洪杰，2001）。油田实施自身的物流系统优化能够有效降低库存和减少物资配送成本，成为油田企业降本增效的重要途径，也是挖掘"第三利润源泉"的突破口。因此，对油田企业物流系统进行优化和经济评价的研究有着重要的实践意义。

根据影响油田企业物资需求规律的不同因素将物资分门别类，据此建立了相应的多种预测方法，提高了油田企业物资需求预测的准确性和及时性，有效地减少了油田企业在生产经营过程中由于物资缺乏引起的经济损失和物资超储增加的存储成本，提高了油田企业竞争力。

由于油田企业仓储选址是一个中长期决策，在进行仓储选址时，大量油井的实际位置尚未确定，仍处于勘探阶段。因而，从油田工作的实际出发，在仓储选址过程中、在满足油田企业当前生产经营需要的前提下，为了增强仓储设施在企业将来生产经营过程中的经济性和服务性，采取蒙特卡罗随机预测方法根据油田企业的生产计划合理预测油井的合理位置，继而根据预估的油田位置建立选址模型并求解选址方案，为大多数油田特别是新开发油田的仓储选址提供了新的思路。

油田企业大多位于交通不便利的地区，其物资配送过程涉及的道路复杂多样，通过对不同道路赋予权重的方式划分类别，继而将各个模拟井口位置按行政隶属关系规则聚类，建立物资配送优化模型，可以有效降低油田企业物资的配送成本。

通过对油田企业物流系统的经济评价，进一步揭示油田物流系统优化的经济效益，从而转变油田企业物流管理的观念，提高企业对物流系统的重视程度。

综上，对油田企业物流系统实施优化和经济评价，对企业降低成本、增加效益，提高油田企业的综合竞争力具有重要的意义。

三、主要研究内容

本书在物流系统领域已有研究的基础上，以油田企业的物流系统为研究对象，探讨其优化与经济评价问题，具体的研究内容如下：

阐述了油田企业物流系统优化与经济评价的研究背景、目的以及意义，并对国内外相关的研究现状和成果进行了综述和总结，通过分析国内外学者对企业物流系统优化及经济评价问题的研究内容、研究方向和研究成果，确定本书的研究内容、研究方法和技术路线。

总结油田企业的物资种类，使用 SPSS 软件计算出物资需求与出库量、井口数和石油产量等多个因素间的相关系数，根据影响油田企业物资需求规律的不同因素将物资分为连续不确定性需求类物资和间断不确定性需求类物资两类，对分属不同类别的物资建立相应的需求预测方法，并对物资预测结果作出评价。

研究石化企业在考虑配送成本和客户服务水平条件下，对新的物流节点，如何确定建设位置，如何确定仓储规模，保证既可满足一线生产经营的需要，又不造成库容量的浪费。在这一部分中，要优化的目标主要涉及建站成本（自建或租赁成本、仓库容量扩张成本）及配送成本，并使得在满足客户需求水平下的建站成本与配送成本之和最小化。我们将以中石化某公司的物流仓储建设项目为例，详细阐述带有配送与库存约束的仓储选址模型的应用，通过调查仓库规模需求，在评估仓库自建成本、仓库容量扩张成本、租赁成本、运营成本、路线或配送成本的基础上建立选址模型，设计程序求解模型，以布置最优的仓储基地和配送网络。针对油田行业普遍采用的两种配送网络，即"一级配送中心 + 二级供应站 + 客户"的两层配送网络和"二级供应站 + 客户"的一层配送网络（见图 1 - 1 和图 1 - 2），在考虑各种实际配送成本和时间效率的情况下，比较两类配送网络的效率。通常情况下，一层配送网络的装卸成本较两层配送网络而言更加有效，但对物流成本减少却未必有效，需要根据配送路径及客户服务水平重新评估。本书将从油田工作的实际出发，在仓储选址过程中，根据油田企业未来的生产计划，通过蒙特卡罗随机模拟方法产生油田企业未来一定时期内的油井数量和位置，得到各油井所需物资数量。为了保障各候选仓储位置的合理性，将采用重心法模型得到的最优点作为油田企业仓储选址的候选参考点。然后建立两级连续选址模型，通过构建改进的遗传算法求解，建立仓储选址的评价指标体系，采用层次分析法对各候选仓储位置进行评价，得出油田企业满意的仓储位置。

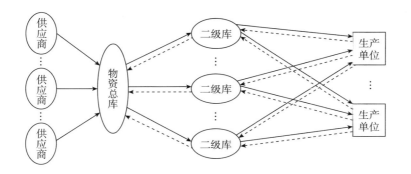

图 1-1 "一级配送中心 + 二级供应站 + 客户"的两层配送网络

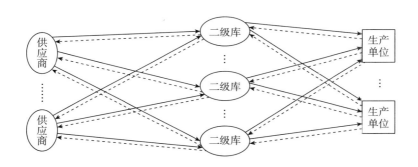

图 1-2 "二级供应站 + 客户"的一层配送网络

以乡镇为最小划分单位明确各个模拟井口位置与具体乡镇的隶属关系，将各个乡镇的地理中心位置作为对应井口的配送点。对不同类型道路通过赋予权重的方式划分类别，根据仓储基地到各油区的路径、距离、车辆类型、容量约束、路径承载力、配送流程等实际条件，建立满足客户要求且总运输成本最小的配送路径优化模型，寻求质量和时间效率双方面均有效的求解算法，并将该配送过程设计成可视化界面。

对油田仓储选址进行评价。对影响油田仓储选址的因素按照定量与定性的标准划分类别，构造出科学、合理的油田仓储选址评价指标体系，采用合适的分析评价方法对各候选仓储位置进行评价并得出满意仓储的位置。

对优化后的油田企业物流系统进行经济性评价，根据《石油建设项目经济评价方法和参数》及相关物流经济学理论，对拟建的物流系统项目的财务可行性和经济合理性进行分析论证，从各方面对新建物流系统做出全面的经济评价。具体评价期限包括建设期和运营期两部分。具体评价内容包括投资估算、总成本费用估算、财务分析、不确定性分析等。进一步揭示油田物流系统优化的经济效益，找出油田企业降本增效的突破点，从而转变油田企业物流管理的观念，提高企业对物流系统的重视程度。

四、研究方法和技术路线

（一）研究方法

油田企业物流系统的优化与经济评价研究涉及管理学、经济学、物流与供应链管理、数学、计算机科学等多个学科，具有明显的多学科交叉特征，研究解决该问题拟采用多学科的不同理论、模型和技术手段。基本的研究方法如下：

1. 文献研究法

文献研究法主要是指收集、鉴别和整理文献，通过对文献的研究形成对事实的科学认识的方法。本书查阅大量相关的国内外文献并对相关研究进行梳理和归纳，总结出理论研究基础，综述物流管理理论和相关优化方法等理论。

2. 系统工程分析方法

油田企业物流系统的优化是一个复杂的系统工程，具有涉及的部门和环节繁多、数据量大等特点，必须借助系统工程的分析方法找出全局性的优化方法。

3. 预测方法

油田企业的物资种类繁多，影响其需求规律的因素复杂多变，且有些样本数据缺失或漏报，单一、传统的预测方法难以模拟不同种类的物资需求变化，因此需要通过研究多种不同的预测方法对不同的物资类别建立相应的预测模型。

4. 数学建模方法

对于油田未来油井位置的确定、选址模型的建立和配送路径优化模型的建立需要采用包括蒙特卡罗随机模拟和混合整数规划在内的多种不同的数学建模方法构建模型。

5. 智能求解算法

由于仓储选址模型和物资配送模型的难解特性，本书采月了改进的遗传算法进行求解，以保证在合理的时间内获得满意解决。

（二）技术路线

本书的研究过程遵循了提出问题、分析问题和解决问题的模式。具体的技术路线如图1-3所示。

下面根据具体的研究内容详细阐述相应的研究方法与技术路线。

1. 油田企业物资需求规律预测

该部分拟采用嵌套方式建立小波神经网络预测模型并使月遗传算法优化其初始权值以提高预测精度。拟采用的小波神经网络包括输入层、隐含层和输出层，如图1-4所示。

2. 油田企业仓储选址

该部分的技术路线如图1-5所示。

3. 油田物资配送路径优化研究

该部分的研究路线如图1-6所示。

4. 油田仓储选址评价研究

该部分首先对影响油田仓储选址的因素按照定量与定性的标准划分类别，构造出科学、合理的油田仓储选址评价指标体系；其次研究油田仓储评价的常用方法并从中选定合适的方法对各候选仓储位置进行评价；最后得出仓储设施的满意位置。

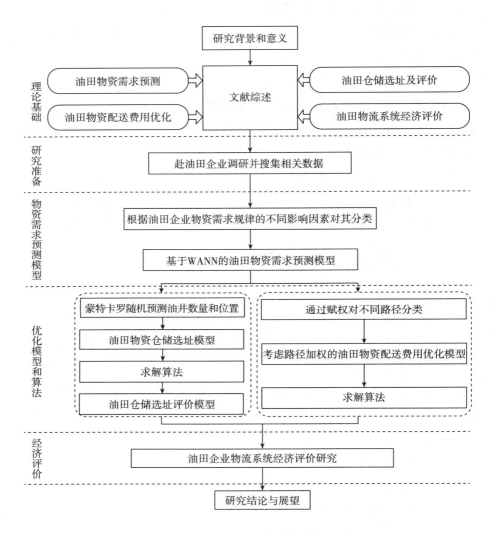

图 1－3　本书技术线路

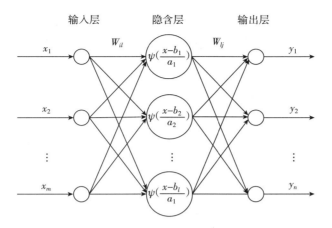

图 1－4　小波神经网络结构

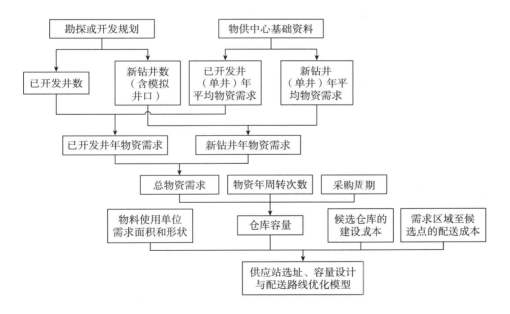

图 1－5　油田物资仓储选址优化技术线路

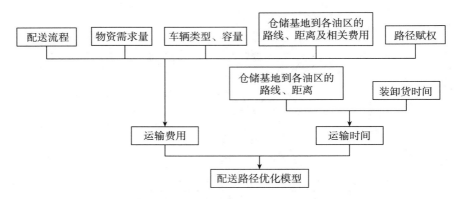

图 1 - 6　油田物资配送优化技术线路

5. 物流系统经济评价研究

该部分根据物流经济学和项目评价等相关理论对油田物流系统中涉及的各项经济和财务指标进行详细的分析和评价,分析优化后的物流系统的活动效果。以数据包罗分析(Data Envelopment Analysis,DEA)为基本方法建立油田企业物流系统经济评价的输入和输出指标体系,结合油田企业实际核算出评价期内的相关成本费用数据,运用 DEA 方法评价优化后的物流系统投入产出的规模效益。具体技术路线如图 1 - 7 所示。

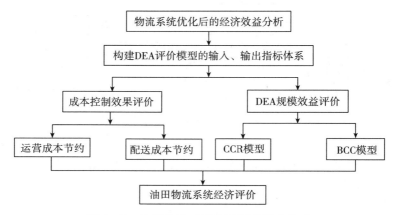

图 1 - 7　油田物流系统经济评价技术线路

五、研究创新点

本书研究的创新点主要体现在以下几个方面：

油田企业的物资需求受到诸多因素的影响，其需求规律呈现明显的非线性特征，这大大增加了预测的难度。本书通过小波分析与神经网络嵌套的方式构建了小波神经网络预测模型，由于小波神经网络能够通过调整小波系数使网络具有更强的函数逼近能力，特别是在突变点上的预测能力要大大优于传统神经网络，因而有效地弥补了传统神经网络易陷入局部极小的缺陷。为进一步提高小波神经网络预测模型的训练速度和预测精度，减少网络震荡，利用遗传算法对神经网络的初始权值和小波系数进行了优化，通过可变学习速率更新网络权值，有效地提高了网络的预测性能。本书以中石化某油田企业物资需求的实际数据为例进行了验证，结论表明该方法在油田物资需求预测问题中的精度和运算速度均达到了满意的效果。

由于油田企业仓储选址问题是一个中长期决策，在进行仓储选址时，大量油井位置尚未确定（需求点未定），因此，为了保障仓储设施选址的合理性，结合油田企业的生产计划，通过蒙特卡罗随机模拟方法在对应油区内模拟产生合理的井口数量和位置，得到各油井所需物资数量。由于油田企业的仓储设施服务区域广，且选址受到自然、经济、社会等多种因素的影响，因而较难事先人为确定仓储候选点。为解决这一问题，建立一个二级连续选址模型，并构建精确算法求出了其最优解。为提高大规模连续选址模型的求解效率，通过将 Matlab 软件中内嵌的 Fmincon 函数嵌入遗传算法中构建了改进遗传算法，该算法利用 Fmincon 函数对该问题进行局部搜索，并把得到的局部最优解作为新的个体融入遗传算法的种群中参与进化。因此，该算法不但综合了遗传算法全局搜索的优点，也利用 Fmincon

函数增加了其局部搜索的能力,有效地提高了求解精度。继而,以求得的连续选址模型的解为圆心,通过逐步扩大半径长度(以每千米为步长)的形式在地图上作圆,直到该圆形区域内出现足够的仓储候选点为止(本书所述的中石化某油田案例中确定的半径长度为 30 千米,此时圆形区域内包含了 7 个仓储候选点)。本书以中石化某油田企业仓储选址的实际问题为例进行了验证,结论表明上述模型和算法确定的仓储位置符合企业的实际需求。

在考虑油田企业生产经营特点的基础上构建了一套油田企业物流系统经济评价的指标体系,并基于数据包罗分析方法对油田企业物流系统投入产出的经济效率进行了评价,为更好地说明该评价方法的应用,以中石化某油田实施物流系统优化前后的实际数据为例详细阐述了评价过程,结论表明,该方法用于油田企业物流系统经济评价的可靠性。

第二章
国内外研究综述

　　油田企业中的物资，一般指生产过程中所消耗的生产资料，如原材料、燃料、配件、生产工具等。油田企业物流系统通常指包括原材料等一切物资资料的采购、运输、仓储、用料管理和物料发放等为油田企业的生产活动而开展的相关辅助服务活动。物流系统优化的主要目的是通过管理物料需求计划、采购、运输、仓储、保管和领料等活动，解决物资供应和需求之间存在的时间、空间、数量、品种、规格、价格和质量等方面的矛盾，衔接好油田企业在生产中的各个环节，确定油田企业生产的顺利进行。

　　我国原油后备储量不足，吨油成本居高不下，人多油少的矛盾愈发突出，因而，如何降低成本增加效益成为我国油田可持续发展的迫切需要。作为集勘探、开发、炼油化工为一体的油田企业，为提高在国际市场中的竞争能力，在控制吨油成本指标方面做出了很大努力。但随着吨油成本中的勘探、开发、开采和管理成本的可压缩空间越来越小，寻找新的利润增长点就成了各大油田企业保持强劲竞争力的关键环节。Christopher（2010）指出，21世纪的竞争不再局限于企业之间，而是扩展到供应链之间，提高供应链整体竞争力的关键是供应链整体系统的协调。目前，物流和配送产业已经成为许多大型企业降低成本，提高竞争力的重要措施。然而，长期以来，油田企业对其自身物流系统的重要性缺乏必要的认识，抑或是只注重某个环节、某个活动、某个方面的提高，而不寻求整个物流系统的协调和优化，这严重影响了油田企业现代管理水平和综合竞争能力的提高。油田企业实施物资优化配送能有效降低库存和减少物资供应成本，是油田企业降本增效的重要途径，也是挖掘"第三利润源泉"的突破口。国内外学者围绕着物流系统优化及经济评价在多个应用领域作出了丰富成果。下面根据本书的研究内容，主要从物资需求预测、仓储选址研究、配送路径优化和经济评价四个方面综述国内外相关研究现状和成果。

一、油田企业物资需求预测国内外研究现状

油田企业在勘探、开发过程中所需的物资是整个企业物资需求的主体，其需求量的合理预测对于加强物资计划和采购、提高物资供需计划的及时性和准确性、节约仓储成本具有重要意义。油田企业下属子单位多，生产过程中所需要的物资种类繁多，且数量不一，规格复杂，要做到不错订、漏订，提高采购工作效率，就必须用计划引导采购，发挥计划的龙头作用。但在油田实际的生产经营过程中往往会出现某些物资供不应求，导致生产中断从而引起损失，另一些物资又超储积压，占据大量资金，从而大额增加存储成本，使得企业在日益加剧的市场竞争中处于不利地位。高效、科学、准确的物资需求计划预测，不仅能有计划地控制进货，按计划调节余缺，管理库存，防止超储积压资金浪费，还能准确预见市场的供求状况，对预期供求趋紧的物资提前进行采购进货，以保证生产建设的顺利进行（张艳，2012）。

下面以中石化下属某局的油田钻井类物资中占据重要地位的油套管为例，详细阐述油田企业物资需求制定的基本流程（见图2-1）。钻井类物资主要包括油管、套管、钻具等物资，油管和套管是油田行业物资需求的主体，用量很大，在整个建井成本中平均占比在20%~30%，其需求量的合理预测对于加强油田物资计划和采购、提高物资供需计划及时率和准确

率、节约物资配送成本具有重要意义。鉴于油管和套管在油田生产中的重要地位，这两种物资在油田生产过程中必须准确、及时送达，否则可能造成井壁坍塌，甚至整个井口报废，造成重大损失。油管和套管需求计划的上报过程如图 2-1 所示。油管和套管生产过程需要较长时间，因此，为保证油田正常生产，采油厂需要提前至少 3 个月向油田物供部门上报油管和套管需求计划，然后由物供部门向供应商下达具体的订购和配送计划。采购的关键问题是确定合理的采购量和采购时间，它直接影响库存成本的高低。然而，在以效益为中心的现代油田管理模式下，生产计划经常会根据上期效益或其他突发情况做出临时性的调整，从而产生一些紧急需求，这不仅会使油田物供部门在物资筹备过程的成本大幅度上升，还会造成油田物供部门下达的订购计划失效，产生物资供需及时率和准确率较低的问题。

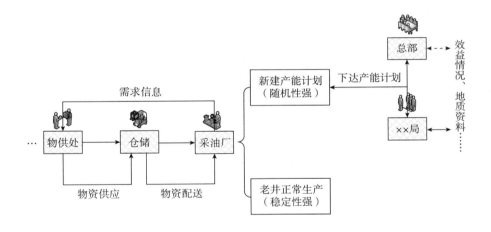

图 2-1　油田物流系统示例

长期以来，物资计划准确率与及时率是影响油田物资计划管理水平提高的关键"瓶颈"，油田物资供应部门普遍存在采购计划与需求计划不匹配的问题，主要原因是由于油田生产经营过程中物资需求的不确定性和突发性较强，基层单位对关键材料需求的预见性不足，致使在上报物资需求计划时存在宁多勿少的思想，造成了物资供应与实际需求不一致的问题，导致物资库存超储积压（张艳，2012）。因此，科学、准确的预测油田在生产经营过程中的关键物资需求可以有效指导采购行为，对于减少库存中大额物资的储备、保证供应具有重要的实践指导意义。油田生产过程中影响物资需求的因素复杂多变，呈现明显的随机性和非线性，需求预测的方法也多种多样。常见的预测方法有德尔菲法、灰色预测方法、案例推理组合预测法、时间序列预测法、神经网络预测法等。

油田物资需求的预测分析还处于起步阶段，在国内外文献中，有关油田物资需求预测的研究较少，大多是关于台风、地震等灾害应急物资，生产物资（水、电、煤、钢材等物资消耗量）等需求预测的研究。Zhang 和 Xu（2010）使用多种线性回归的方法对应急物资需求数据进行分析，找出影响应急物资需求的主要影响因素，建立基于多种线性回归案例响应的应急物资需求模型，并进行了实证分析，验证物资预测模型的准确性。Ma 等（2012）从信息、方法、分析和评价四方面讨论了物资需求预测的难度，在此背景下提出了一种基于模拟方法的物资预测模型结构。Lu 和 Wang（2010）指出如何预测产品需求数量，并按需求准备物资以降低物资流通时间，这对于计算机、通信和消费类电子行业显得尤为重要，继而作者构建了基于层次自适应图和独立构件分析的物资需求预测模型。在此模型中，独立构件分析主要用于检测并降低数据噪声以提高预测模型的精度；层次自适应图主要用于对数据进行分类，随后使用支持向量回归的方法建立了物资需求预测。实验结论表明，所构建的物资需求预测模型可以较准确地预测相关领域的物资需求规律。Lo 等（2011）指出生产成本是影响企业行为的主要因素，作者通过 BP 神经网络构建了鱼类产品的智能预测模型，结论表明该预测模型的预测优势。Tiwari 和 Adamowski（2013）提出了基于混合小波神经网络的预测模型对城市短期用水量进行预测。作者以加拿大蒙特利尔市的短期用水量数据为例对模型进行了检验，结论证明了该模型在预测精度上的优越性。Sheu（2007）指出高效分配应急物资是快速应对突发事件的关键，并采用模糊分析法计算了时变的应急物资需求以及灾区的分类。Ali 等（2011）提出了一个改进的鲁棒优化模型来解决需求、供给和成本所固有的不确定性，该模型把救灾物流定义为一个多目标的、随机混合非线性整数规划问题。Li 和 Li（2009）基于虚拟变量模型研究了油田钻井过程中的物资需求问题，并对模型预测的精确度做了分析。Sun（2013）将粗糙集理论应用于两种通用的物资需求预测模型，建立了一种新的应急物资需求预测模型。类似的研究成果还可参见 Yarlagadda（2000）、Jebaraj（2007）、Qi 等（2012）及 You 等（2013）的研究。

由于物流系统与供应链的高速发展，物资需求规律预测作为物流系统中的关键问题之一也引起了国内学者的高度重视。

宋斌等（2013）借助支持向量机和人工鱼群算法构建了电网建设项目中物资需求预测模型。张斌等（2012）提出了基于精细网格的台风灾损空间模型及相应的台风应急物资需求定性预测模型。辜勇（2010）借助传染病疫情防控机理对应急物资的需求做了细致分析。蔡开龙等（2010）基于 RBF 神经网络模型对飞机战伤抢修备件需求做了预测。刘诚与陈治亚（2006）构建了使运输成本、购货成本以及库存成本在内的总成本最小的多物资需求模型。田世金（1991）对宏观层面的煤炭、水、电、钢材消耗量等的预测，通过建立计量模型来确定内生变量和外生变量，根据物资消耗时间序列数据进行线性方程的拟合，运用最小二乘法等进行参数估计，继而进一步检验方程的拟合优度，选择拟合优度好的方程进行预测作下一步的物资需求计划。李梦婷等（2009）运用虚拟变量预测对三年钻井消耗物资数据进行模型构建，对其精度及显著性进行了检验，有效地解决了决定性变量的影响。赵一兵等（2013）运用定性和定量相结合的两步预测法，建立支持向量回归算法和库存预测模型，对地震伤亡人数进行定量预测，并定性估算了应急物资的需求量。随着人工智能算法的研究热度不断提高，人工神经网络方法、灰色预测方法和粒子群优化算法等也被运用于物资需求预测中，此类方法的运用对预测精度的提升有较明显的效果，但也存在一定的缺陷，最明显的就是结论对参数的选择相对较为敏感（Lu & Wang, 2010；Lo et al., 2011；Tiwari & Adamowski, 2013）。王先远等

（1993）对企业物资需求运用神经网络和专家系统有机结合建立了物资需求预测系统。蒋兆远（2013）利用粒子群优化算法对BP神经网络权重进行调整优化，提高了物资需求预测的精度和网络的收敛性。郭金芬等（2011）等利用BP神经网络对地震伤亡人数进行预测，进而对救灾物资需求量进行估算。

二、油田仓储选址优化国内外研究现状

油田的生产经营有着自身的特点，很多物资的需求频率高、数量大、随机性强，一旦缺货会引起较大损失，但超储积压又会造成资金浪费。合理的仓储位置和规模可以有效提高物资配送能力，提升物流效率，降低物流成本。

仓储选址是按照一定的规划方式，把仓库设置在合理的位置上以实现最优的定位，它主要是对仓库的位置、数量和规模进行合理的设置和分配。物流配送中心的建设投入大、收益慢，但社会效益显著，对社会发展影响深远。戴禾等（2001）指出对于物流配送中心选址的研究主要有以下几方面的意义：一是物流配送中心的合理选址，有利于产品的高效快速的流通，为企业和消费者带来效益。二是物流配送中心的合理选址是城市可持续发展的需要。由于物流配送中心是一个投资大、占地多、涉及面广泛的系统工程，是区域或城市对外物资交流的中心和纽带，对于城市的经济、交通、环境以及城市品位等各方面起着深远的影响。三是有利于物流理论体系的完善。现代物流理论在我国的应用与发展仅仅只有十余年的时间，与国外发达国家相比还有很大的差距，仓储选址的合理化问题研究更是处于起步阶段。通过对物流配送中心选址问题的讨论，引起更多学者对物流发展的关注和重视，以进一步完善我国现代物流理论体系，为我国的

物流发展提供坚实的理论基础。对物流配送中心选址的理论、方法及物流配送中心选址规划中存在的问题进行深入研究和探讨不仅有利于我国物流配送中心的建设和发展，而且有利于物流理论的进一步发展和完善，具有重要的实践意义和理论意义。

物流中心选址的问题有许多种，选址分类的标准也不相同（王静，2012）。例如，按选址地点和需求点的分布类型分类时，可分为平面选址和网络离散型选址；按设施的个数作为分类标准时，可分为单个设施选址和多个设施选址问题；按选址变量对时间的依赖程度分，可分为确定型或随机型选址问题；按设施是否有容量限制分类，可分为有容量限制和无容量限制的选址分类；按照系统决策目标的层次分类，可分为单目标和多目标选址模型；等等。近年来，随着供应链协调理论的发展，学术界开始将单纯的配送中心选址问题与物流管理中的库存、运输和客户服务目标战略联合起来进行研究，这真正有效地提高了供应链运作的整体效率。鉴于本书探讨的是考虑库存和运输的配送中心选址问题，因此下面就此类问题在国内外的发展作如下综述。

Barahona 和 Jensen（1998）将库存费用等因素融入了设施选址的整数规划模型中，并通过 Dantzig-wolfe 分解算法对模型进行了求解。Daskin 等（2002）、Shen 等（2003）和 Shu 等（2005）建立了联合选址库存模型，将库存控制策略加入无容量限制的选址问题中进行了一系列的研究。为了求解上述联合选址库存模型，Daskin 等建立了拉格朗日松弛算法，Shen 等将该模型转化为一种分割问题，再通过列生成算法进行了求解，Shu 等则对 Shen 等的算法做了进一步的研究与改进。Nozick 和 Turnguist（2001）研究了二级库存系统与选址模型的集成问题，考虑了库存成本和服务水平的均衡，提出各级库存分配的方法并将库存成本考虑到选址模型中。Teo 等（2001）研究了配送中心集中管理库存对选址问题的影响，将选址成本与库存成本同时考虑进目标函数中，并设计了相应的算法，但没有考虑网络设计对运输成本的影响。Chen 等（2006）使用概率分布的情景来描述未来事件的不确定性，研究了该类不确定性下的设施选址问题。Snyder 等

（2007）利用情景规划来描述不确定性，建立了基于情景规划的随机联合选址库存模型。Vidyartlli等（2007）将配送中心选址、运输量、安全库存水平以及将零售商分配给那些配送中心提供服务作为决策变量，进一步研究了一类多产品的生产—库存—配送系统设计问题，以运营成本最小化为目标建立了一个混合整数规划模型。

国内学者逐渐开始关注相关的联合库存选址模型。例如，黎青松等（2000）、张长星和党延忠（2003）、谭凌等（2004）研究了需求不确定且存在运输规模经济情况下的连锁零售企业的配送中心选址问题。姜大立和杨西龙（2003）针对易腐物品建立了一种求解配送中心连续选址问题的CA-GA算法，并用实验证明该方法有较好的搜索特性。孙会军和高自友（2003）在已有多个配送中心存在的情形下，新增配送中心以最大市场占有量为目标，对如何选址的问题进行了研究，建立了选址决策模型并给出了迭代算法。唐凯等（2007）建立了基于情景规划的随机联合库存选址模型，并给出了相应的拉格朗日算法。秦绪伟等（2006）研究了随机条件下单供应商库存选址问题，建立了二级库存与无能力约束的集成规划模型，给出了拉格朗日松弛算法并用仿真实验验证了算法的有效性。戴更新和于龙振（2006）针对区域多配送中心选址问题构建了确定性规划模型，并提出了求解该模型的混合遗传算法。黄松和杨超（2009）针对一类具有季节性需求特性的商品，建立了一类随机需求下以期望收益最大化为目标的联合选址库存模型，并给出求解该问题的基于拉格朗日松弛算法的两阶段算法。

在联合库存选址问题中，学者常常对库存消耗规律做出一些简化的假设。现有的联合选址库存模型一般只考虑客户端需求数量确定或需求数量为简单随机变量情况下的库存。实际上，很多类型产品的需求速率在一个库存周期内并不是恒定不变的。有些产品的需求速率随着时间的推移而增加，而另一些产品则相反，会随时间递减，另外还有一些产品的需求速率呈现上下波动的趋势，产品的需求速率表现为时间的函数（刘荣，2011）。时变需求且库存影响销售率情形下的库存控制相对于需求量确定或需求量比简单随机变量情形下的库存控制复杂很多，但在现实中配送中心该类产品的库存占了很大比例，因此有必要采取一定的简化策略将时变需求且库存影响销售率情形下的库存控制引入到联合选址库存问题中来。

本书研究的联合选址问题既属于非线性规划研究范畴，也属于最优组合研究范畴。它既影响仓库运行效率的高低，又影响区位的选择。仓库选址问题的解决方法通常分为定性和定量的方法。定性的方法通常根据经验进行决策，如头脑风暴法、专家判定法等，该方法注重过去经验容易犯主观主义错误。定量的方法可根据模型计算最优的方案，但限制条件较多，因此，在具体操作中应结合企业实际情况选择合适的方法进行研究。张艳霞和马丽娟（2005）对选址问题的研究做了综述性介绍，包括选址问题的影响因素、评价方法及选址常用的模型的比较与应用。梁川（2013）介绍了物流仓库的分类及选址常用的方法，并运用定性和定量相结合的层次分析法计算影响选址因素的权重大小，在建立知识数据库决策系统的基础上，结合专家经验对仓库选址进行比较和判断。丁浩和张琪（2012）将SA算法（模拟退火算法）运用到海外油田应急物流的选址问题，该方法的核心思想是将参数进行控制，得到组合优化的最优解。陶昕（2008）针对胜利油田区域物流配送中心的选址问题作了一系列研究，并建立相应的启发式算法进行求解。

三、油田物资配送优化国内外研究现状

物资配送的作用是尽量以有效的方式按照客户的需求，在适当的时间向客户提供适当的货物和服务。在物资配送系统中，各种计划和控制活动都要求对物资需求有较精确的估计。在物资配送管理系统中可以得到订购、库存、销售、应收账款等各种账表和产品的销售情况。通过预测物资

需求，并将所得的需求预测结果与物资的库存比较，可由此得到采购计划，从而做到以销定供，在保证销售的同时逐步压缩库存量，减少库存资金，达到提高企业效益的目的。国外许多学者很早就已经研究配送过程的优化问题了，为各类实际问题构建了优化模型，并形成了许多解决问题的算法。例如，运输车辆路线安排问题（VRP）、定位—配给问题（LA）、定位—运输路线安排问题（LPR）等。鉴于本书主要考虑 VRP（Vehicle Routing Problem）问题，故对此类问题的研究现状做如下综述。

物流路径规划问题通常被看作为 VRP 问题，不少学者和专家都针对这类问题提出了一些数学模型及算法（祝崇隽等，2001）。VRP 问题一般是按照客户需求信息来区分成确定性和非确定性两类，研究的算法主要分为精确算法和启发式算法。由于大部分 VRP 问题的难解特性（多数问题属于 NP – hard 问题），使得启发式算法在求解过程中得到了广泛的应用。针对 VRP 问题，Gillett 和 Miller（1974）提出了 Sweep 算法；Toth（1979）针对两类特殊的 VRP 问题提出了通用的两阶段算法；Gendreau（1991）首先将禁忌搜索方法应用于 VRP 问题，取得了较好的效果，后来该方法被广泛应用在 VRP 问题的求解中；Taillard（1993）通过按角度和路径重心法对原问题的空间进行分割，在分割之后应用禁忌搜索和模拟退火等相应启发式算法对子问题进行求解，实现了对 VRP 问题求解的并行化。

我国学者对各类 VRP 问题也有广泛的研究。姜大立等（1999）在分析 VRP 现有启发式算法的基础上，设计了 VRP 问题的染色体表达方式，并对染色体进行可行化映射，建立了求解 VRP 的泛化遗传算法。顾志康等（2004）分析了染色体中重复出现某些需求点编号的情况，对染色体的结构进行了改进性更新，对于新染色体的生成采用基因交叉重组和变异的方法，使最优化的配送路径被搜索到的概率大大提升。胡大伟等（2006）针对配送车辆路径规划问题，采用临界客户思想将多站点问题转换为单一站点问题，获得了车辆路径最终优化解。王素欣等（2008）针对多集散点的车辆路径问题，以订单为基准建立车辆路径规划模型，并采用蚁群算法对模型进行求解，得出了全局最优路线。蔡延光等（1998）研究了多重 VRP

问题的遗传算法和模拟退火算法求解，并将其集成为智能算法库，作为设计智能运输调度系统的依据。孟凡龙（2013）根据实际情况提出了在缺货情况下如何安排车辆路径的问题，这个问题基于经典的 VRP 理论，为了解决这个问题，他给出了一种基于蚁群算法的优化求解方法，取得了较好的效果。喜崇彬（2013）设计出了带有时间窗的非满载 VRP 问题的节约算法，这是对启发式算法中节约算法的改进，通过计算的结果来分析该算法的性能。

四、油田物流系统经济评价国内外研究现状

随着我国石化产业的迅猛发展，油田企业的物流基础设施建设速度不断加快，如何对物流节点的建设进行规范、科学的经济评价，为物流节点建设的可行性研究提供科学依据，成为我国石化行业急需解决的问题。油田物流系统经济评价属于项目经济评价范畴，因此可借鉴项目评价的相关内容和方法。关于此类研究，国内外专家学者对此已经进行过大量的研究工作，下面作简要介绍。

早期的项目系统评价侧重于财务评价，最早可以追溯到资本主义早期。近年来，项目经济评价有了新的突破，取得了较大的进步。主要体现在以下三个方面（宋炜，2005）：①评价方法由静态走向动态。在项目经济评价中引进等值技术，即开始考虑货币的时间价值，为项目不同时期发生的收支及各种方案之间的比较提供了等同的参照标准，给项目经济评价带来了重要的新方法。②形成适合发展中国家建设项目经济评价的新方法。发展中国家一般具有中央集权、计划性较强、政府投资较多、市场机制不完善及经济发展不稳定等特点，由此使发达国家应用较简单的经济评价方法，在发展中国家特殊背景下出现新的应用问题，突出表现在价格失

真的影响上。针对如何调整价格这一关键性问题，提出了应以影子价格为基础进行经济评价的方法。③现在完整的建设项目经济评价已经发展为两个层次，即从微观效益出发的财务评价和从国家宏观效益出发的国民经济评价。这些方法代表了当今西方国家建设项目经济评价的主要观点。

中华人民共和国成立后，基本沿用苏联的项目经济评价模式。根据我国当时的情况，在项目设计中评价项目的经济效果通常采用基建投资费用、产品成本和劳动生产率三大指标，排除使用利润指标。在方案比较选择时，采用差额投资（指固定资产投资）回收期（固定资产投资差额除以两个方案的产品成本差额）和差额投资效果系数（投资回收期的倒数）。20 世纪 70 年代末，逐渐从国外引进可行性研究及项目评价方法。1982 年在世界银行的帮助下，制订了《工业贷款项目评估手册》，作为评估项目贷款的依据。1987 年 10 月正式颁发了《建设项目经济评价方法与参数》，对经济评价的程序、方法、指标等作了明确规定和具体说明，并首次发布了国家级经济参数。为结合我国经济体制改革、投资金融与财税制度改革，国家计委和建设部对该方法与参数进行补充与修正，对国家级参数重新测算，于 1993 年 4 月颁发了《建设项目经济评价方法与参数》（第二版），使我国建设项目评价逐步走向规范化与制度化。

随着物流经济学理论的不断成熟，顾客对于物流服务要求的不断提高，如何评价一个物流系统在经济、服务水平等方面的表现成为了物流与供应链发展中不可回避的重要问题。对此问题，国外学者给予了高度重视。Venkatesh（2014）通过聚类神经网络建立了 ATM 机现金需求量的预测模型，并对该预测模型使用相关实证数据进行了分析。Aguezzoul（2010）使用多属性决策方法对第三方物流的选择与评价过程建立了相应模型，并做了详细分析。Yang（2012）使用混沌粒子群算法与并行向量机回归的方法对物流需求评价进行建模，并进行了相应的实证分析，结论展示了该方法的优越性。Zeng 和 Wang（2012）对汽车物流系统进行了评价研究。首先建立了包括服务成本、服务能力和服务质量在内的评价指标体系，继而在传统 AHP 评价方法的基础上，为克服其不足提出了改进 AHP

评价方法，采用改进的 AHP 方法对 G 公司的物流系统进行了评价，结论表明该评价方法可得出更贴近实际的评价结论。Yan 等（2003）提出了基于案例推理的决策支持模型用于第三方物流系统评价，并且进一步扩展了该模型的理论基础和推理过程。Shao 等（2008）提出了集定量分析与定性分析融合的基于层次分析与模糊决策的评价模型，并将其应用于区域物流系统竞争力的评价过程，结论证明了该评价方法的可实用性。

　　随着我国物流基础设施建设步伐的加快，我国学者在物流系统评价方面的经验逐步丰富。巫汝春（2008）从物流能力的角度出发建立物流能力评价模型，采用 AHP、GRA 方法对国内八大港口进行分析，对提高我国物流能力的对策进行研究。张化和施国洪（2004）通过对物流成本概念及其特性和物流成本系统化控制的分析，运用物流活动的经济评价方法对物流系统的成本进行动态的经济评价，为企业提供物流成本控制和管理的依据。刘源（2001）探讨了 DEA 方法应用于企业物流系统经济效益评价的可行性和优越性，指出了应用 DEA 方法评价企业物流系统效益应注意的两个重要问题。

五、存在的问题与不足

　　通过对国内外油田物流系统研究方面的总结和综述，包括物资需求规律预测、选址问题研究和配送优化等，发现以下几个方面的不足。

　　油田物流系统是一个完整的体系，前述研究往往单独关注系统的某一方面，较少对整个系统的关键环节进行协同性的优化研究。

　　油田物资需求的影响因素多，呈现明显的非线性、突变性特征，以往的传统方法难以进行准确预测。另外，关于物资需求预测的研究多是关于应急物资需求预测方面，针对油田物资需求预测的研究相当少。

油田企业仓储选址问题不同于一般的仓储选址问题。油田仓储选址问题是一个中长期决策，在进行仓储选址时，大量油井的实际位置尚未确定，仍处于勘探阶段。因而，在一些油田特别是新油田的仓储选址前，需要采用合适的预测方法根据油田企业的生产计划合理预测油井的数量和位置，以期在满足油田企业当前生产经营需要的前提下，提高仓储设施在企业将来生产经营过程中的经济性和服务性。而以往研究未涉及这一方面。

有些关键物资的及时配送对油田的生产经营至关重要，配送过程的优化不能仅仅考虑经济因素和客户满意度，还应考虑路径可靠度等因素的影响。

关于物流系统经济评价的研究，大多是关于普通企业评价指标的建立及评价方法的选取，而此类评价方法对于油田企业的这种规模大、垄断性强的物流系统来说适用性不强。

第三章
油田企业物资需求规律预测方法

一、背景介绍

　　油田企业中的物资，一般指生产过程中所消耗的生产资料，如原材料、燃料、配件、生产工具等。油田企业在勘探、开发过程中所需的物资数量大、种类多，是整个企业物资需求的主体。例如，油管和套管是石油行业物资需求的主体，用量很大，在整个建井成本中平均占比达20%～30%。鉴于油管和套管在油田生产中的重要地位，这两种物资在油田生产过程中必须准确、及时送达，否则可能因井壁坍塌甚至整个井口报废，造成重大损失。因此，油田企业中关键物资需求量的合理预测对于加强物资计划和采购、提高物资供需计划的及时性和准确性、节约仓储成本具有重要意义。油田企业下属子单位多，生产过程中所需要的物资种类繁多，且数量不一、规格复杂，要做到不错订、漏订，提高采购工作效率，就必须用计划引导采购，发挥计划的龙头作用。但在油田实际的生产经营过程中往往会出现某些物资供不应求，导致生产中断从而引起损失，另一些物资又超储积压，占据大量资金，从而大额增加存储成本，使得企业在日益加剧的市场竞争中处于不利地位。高效、科学、准确的物资需求计划预测不仅能有计划地控制进货，按计划调节余缺，管理库存，防止超储积压资金造成浪费，还能准确预见市场的供求状况，对预期供求趋紧的物资提前进行采购进货，以保证生产建设的顺利进行（张艳，2012）。

二、油田企业关键物资及其分类

油田企业生产经营过程中需要的物资量大、种类多、购买方式不一，如油管和套管等钻井类物资资金占比较大，生产过程长，通常需要提前至少3个月向厂家下达订购单，而生产过程中需要的一些化工类产品，供应商则采用将商品暂存于油田仓储设施内使用寄售的方式供货。因此，在对油田企业物资需求规律预测时应重点关注资金占比高、订货提前期长、占储容积大的关键物资。基于如上考虑，本章对油田企业在生产经营中所需要的物资按照资金占比和采购方式进行分类，梳理出关键物资，进而构成本书物资需求预测研究的主体。

（一）油田企业在生产经营过程中所需的关键物资

油田企业对于比较重要的物资需要把握它们的需求变动规律，以便制定合理的需求计划，按需订货，保证生产。油田企业在生产经营过程中所需要的物资很多，一般使用的 ERP 系统提供的信息显示的物资可达 500 多种，但根据"关键的少数、次要的多数"原理，我们只需要抓住这些关键的少数物资，就可以大致掌握油田全局的物资需求规律。

下面以中石化下属某油田企业的物资需求数据为例，详细阐述根据"关键的少数、次要的多数"原理所确定的关键物资。在这里，物资需求管理中的关键少数物资，无疑是指资金占比较高的物资，但由于部分物资的资金数据缺失，故为了能更好地通过关键少数物资掌握全局物资需求的规律，我们在主要以物资的资金占比为参考依据的基础上，同时参考物资的出库记录占比来对关键物资进行划分。以该油田企业在 2014 年 1 月 1 日至 11 月 11 日各物资的资金占比为例，其生产经营过程中共涉及约 280 种物资，其中约 20 种物资的资金占比多达 80%，约 35 种物资资金占比达 90%。2014 年各物资的总出库记录有 6198 条，其中约 50 种物资出库记录占比达到 80%，约 60 种物资出库记录占比达到 85%，约 80 种物资出库记录占比达到 90%。综合考虑物资的资金占比和出库记录占比时，由于资金占比达 90% 以上的物资中仅有不到 20% 的物资不属于出库记录占比达 90% 的物资集里，而资金占比 90% 以外的物资自身的重要性不断下降，因此选定资金占比达 90% 以上的 35 种物资作为备选的关键物资。综合考虑物资需求数据的可获得性，综合 2012 年和 2013 年的物资使用情况，剔除 2012 年和 2013 年未曾使用过的 6 种物资，最终确定 29 种关键物资（见表 3 - 1）。

表 3 - 1　2014 年关键物资出库记录占比和资金占比情况　　单位：%

序号	物资名称	出库记录占比	资金占比
1	普通套管 \ 139.7 × 7.72 \ N80L	1.65	13.90
2	羟丙基瓜尔胶一级	3.69	9.57
3	压裂用石英砂 0.425 - 0.85mm	3.37	7.54
4	普通油管 \ 73 × 5.51 \ J55N	2.81	7.10
5	普通套管 \ 139.7 × 7.72 \ J55L	1.37	5.80
6	聚丙烯酰胺钾盐 KP	0.84	0.51
7	助排剂 \ 破乳助排剂 CX - 307	4.00	3.86
8	氯化钾 \ （98%）进口	5.11	3.58
9	活性剂 \ 低温激活剂 G505 - DJJ	2.71	1.72
10	普通油管 \ 73 × 5.51 \ N80E	0.45	1.51
11	普通套管 \ 177.8 × 8.05 \ N80L	0.11	1.09
12	抽油杆 \ CYG \ 19 × 8D	2.15	1.06
13	膨润土一级	2.16	0.67
14	注水井口装置 \ KZ \ 250/65	0.95	0.76

序号	物资名称	出库记录占比	资金占比
15	抽油杆 \ CYG \ 22×8D	1.06	0.63
16	游梁式抽油机 \ CYJT \ 8-3-26HY 11k 永磁电机	0.40	2.66
17	野营房 \ 4 人间（带 25 寸电视）卫星接收	0.55	1.63
18	游梁式抽油机 \ CYJ \ 3-1.5-9 4kW 永磁电机	0.23	1.62
19	储油罐（双盘管）\ 6000×2250×2250×Q235	0.11	1.02
20	杀菌剂 \ 压裂用环保杀菌剂无色无味无毒	2.00	0.87
21	覆膜砂支撑剂 69MPa0.425-0.85mm \ FMS-2	0.24	0.73
22	羧甲基纤维素钠盐 LV-CMC \ 低黏	0.65	0.65
23	羧甲基纤维素钠盐 HV-CMC \ 高黏	0.98	0.65
24	割缝筛管 \ 114.3×6.35 \ N80 L	0.03	0.55
25	普通套管 \ 244.5×8.94 \ J55 L ERW	2.06	5.35
26	气密封套管头 \ 10-3/4×7 \ 35MPa TF	0.06	0.49
27	采气井口装置 \ KQ \ 70/78-65	0.11	0.41
28	普通套管 \ 114.3×6.35 \ N80L	0.05	0.41
29	柴油发电机组 \ 50kW 方仓 \ 东风康明斯	0.08	0.39

（二）关键物资的需求规律分类

油田企业的物资需求受市场需求和生产中的各种因素影响，一般呈现非线性和不确定性的特征。其需求规律大致可分为连续不确定性需求和间断不确定性需求两类，如表 3-2 所示。

1. 连续不确定性需求类物资

连续不确定性需求指"每个季度都有需求发生"。在本章确定的 29 种关键物资中，连续不确定性需求物资有 14 种，由于无论是钻井类物资还是日常生产经营中所需物资均会随着钻井周期和生产周期呈现一定的规律性，故连续不确定性需求类物资的需求量虽不确定，但均有一定的波动规律可循。

表3-2　某油田29种关键物资的分类结果

连续性	间断性	
	时断时续型	其他类型
游梁式抽油机 \ CYJT \ 8 - 3 - 26HY	储油罐（双盘管）	割缝筛管 \ 139.7 × 7.72 \ N80 L
野营房 \ 4人间（带25寸电视）	羧甲基纤维素钠盐 HV - CMC \ 高黏	聚丙烯酰胺钾盐 KP
助排剂 \ 破乳助排剂 CX - 307	羧甲基纤维素钠盐 LV - CMC \ 低黏	覆膜砂支撑剂 69MPa0.425 - 0.85mm \ FMS - 2
杀菌剂	游梁式抽油机 \ CYJ \ 3 - 1.5 - 9 4kW	
普通套管 \ 139.7 × 7.72 \ J55L	气密封套管头 \ 10 - 3/4 × 7 \ 35MPa TF	
普通套管 \ 139.7 × 7.72 \ N80L	压裂用石英砂 \ 0.425 - 0.85mm	
普通套管 \ 244.5 × 8.94 \ J55 L ERW	膨润土一级	
活性剂 \ 低温激活剂 G505 - DJJ	采气井口装置 \ KQ \ 70/78 - 65	
氯化钾 \ （98%）进口	注水井口装置 \ KZ \ 250/65	
抽油杆 \ CYG \ 22 × 8D	普通套管 \ 114.3 × 6.35 \ N80L	
抽油杆 \ CYG \ 19 × 8D	普通套管 \ 177.8 × 8.05 \ N80L	
普通油管 \ 73 × 5.51 \ J55N	柴油发电机组 50kW	
羟丙基瓜尔胶一级		
普通油管 \ 73 × 5.51 \ N80E		

2. 间断不确定性需求

间断性不确定性需求是指"并非每个季度都有需求发生，需求呈现间断性的特征"。它包含时断时续型物资和其他类型物资两种类型。

（1）时断时续型。即某种物资的需求发生后，可能间隔一个较短的时期再次发生。通过统计分析发现在上述29种油田关键物资中有12种物资属于时断时续型物资。

（2）其他类型。即需求发生后，可能间隔相当长时期再次发生，且需求发生与间隔之间没有显著规律可循；或是需求发生次数极少，以孤点形态存在。通过统计分析发现，这类物资主要有以下 3 种：割缝筛管 \ 139.7 × 7.72 \ N80 L、聚丙烯酰胺钾盐 KP 和覆膜砂支撑剂 69MPa0.425 − 0.85mm \ FMS − 2。

三、基于遗传算法优化的可变学习率小波神经网络预测模型

本节以基于遗传算法的小波神经网络（Wavelet Neural Network，WNN）预测模型为主要方法对油田企业的物资需求规律进行预测。

小波分析通过伸缩或者平移对信号或函数进行多分辨率分析处理，再对信号、函数进行局部信息的提取，在分析方面优势巨大。神经网络在函数逼近上则具有自学习、自适应、自组织特征、容错能力强等特点。小波神经网络正是二者结合的成果，其基本思想是利用小波元（Waveron）来代替神经元（Neuron），通过作为一致逼近的小波分解来建立起小波变换与神经网络的连接。由于小波神经网络是用非线性小波基的线性叠加表示信号，故具有很好的特征提取和抑噪能力，特别适用于非平稳时间序列预测与分析。小波变换和神经网络结合的方式有两种：第一种是串联式或辅助式结合，即首先选择小波基和分解尺度对数据进行预处理（小波分解），提取出数据的小波特征，其次用神经网络进行学习和判别；第二种是嵌套式结合，把小波变换的运算融入神经网络形成小波神经网络，如用小波基函数作为神经网络隐含层神经元的传递函数。本书采用第二种嵌套模式构建 WNN 模型。

（一）小波理论概述

小波（Wavelet）由 Grossmann 和 Molet 首次提出，经 Mallat（1989）、Daubenchies（1988，1990）等的逐步完善形成比较完整的小波分析理论基础。小波分析的应用主要是对来自实际生活中的不稳定信号进行分析和处理，已经被广泛地应用于雷达、图像处理、语音识别和模式识别等多个领域，取得了较好的效果。下面简要介绍小波理论的基本概念。

设函数 $\psi(t) \in L^2(R)$，且满足如下条件：

$$\int_{-\infty}^{+\infty} \frac{|\hat{\psi}(\omega)|^2}{\omega} d\omega < \infty \qquad (3-1)$$

其中，$\hat{\psi}(\omega)$ 为 $\psi(t)$ 的傅立叶（Fourier）变换，则称 $\psi(x)$ 为基小波或母小波。

给定一个基小波 $\psi(t)$，令

$$\psi_{a,b}(t) = \frac{1}{\sqrt{a}} \psi\left(\frac{t-b}{a}\right) \qquad (3-2)$$

其中，a、b 均为常数，且 $a > 0$。显然，$\psi_{a,b}(t)$ 是基小波 $\psi(t)$ 经过平移和伸缩变换后得到的。若 a、b 不断变化，即可得到一簇函数 $\{\psi_{a,b}(t)\}$，$\psi_{a,b}(t)$ 称为小波基函数，或简称小波基。

下面介绍时间序列的小波变换概念。设非线性时间序列变化函数 $f(t) \in L^2(R)$，定义其小波变换为：

$$W_f(a, b) = <f$$

$$\psi_{a,b}> = \frac{1}{\sqrt{|a|}} \int_{-\infty}^{+\infty} f(t) \psi\left(\frac{t-b}{a}\right) dt \qquad (3-3)$$

由于实际时间序列数据的特点，我们规定变换仅限于实数域内进行。由式（3-3）可知，小波基中的参数 b 起着平移作用，参数 a 的变化不仅改变小波基的频谱结构，还影响其窗口的大小和形状。因此，参数 a、b 分别被称为函数 $\psi_{a,b}(t)$ 的伸缩因子和平移因子。函数 $f(t)$ 的局部特征的分辨可以通过调节参数 a、b，即调节小波基窗口的大小和位置来实现。与

Fourier 分析相似，基于小波变换的小波分析同样是将信号函数分解成小波标准正交基，以此构成级数来逼近信号函数，所不同的是，小波基是通过平移和伸缩构成，具有较好的局部化性质。

由母小波的定义可得如下性质：

$$\int_{-\infty}^{+\infty} |\psi(t)|^2 \mathrm{d}t < \infty \tag{3-4}$$

这使得小波良好的局部性行为有效地得到了保证，即在有限区间外恒等于 0，或很快趋近于 0。且使小波成为仅具有有限能量的振荡型函数。

由信号 $f(t)$ 的小波变换 $W_f(a, b)$ 可重构 $f(t)$ 如下：

$$f(t) = \frac{1}{c_\psi} \int_0^\infty \frac{1}{a^2} \int_{-\infty}^{+\infty} W_f(a, b) \psi_{a,b}(t) \mathrm{d}a \mathrm{d}b \tag{3-5}$$

其中，$c_\psi = \int_0^\infty \frac{|\hat{\psi}(\omega)|^2}{\omega} \mathrm{d}w < \infty$。

目前广泛使用的母小波有 Haar 小波、Symlets 小波、Meyer 小波、Shannon 小波、Mexican Hat 小波、Daubechies 小波和 Morlet 小波等，这些母小波函数的伸缩和平移可以构成 $L^2(R)$ 的标准正交基，使其生成的小波级数可以达到最佳的逼近效果。下面着重介绍本书在需求预测过程中采用的 Morlet 小波函数。

Morlet 函数可定义如下：

$$\psi(t) = Ce^{\frac{-t^2}{2}}\cos 5t \tag{3-6}$$

Morlet 函数是一种单频复正弦调制高斯波，由于它不具有尺度函数，所以不具备正交性，也无紧支撑性，无法对分解信号重构。但由于其是一种复数小波，因此具有很好的时频局部性。在用于连续小波变换中具有对称性，适用于连续信号的小波分析和复数信号的时频分析。本书在需求预测方法中采用的是 Morlet 小波函数，但不同的分解尺度会表现出不同的波形，其光滑度也不尽相同。

（二）人工神经网络理论概述

人工神经网络（Artificial Neural Networks，ANN）是一种模仿动物神经

网络行为特征进行分布式并行信息处理的算法数学模型。这种网络依靠系统的复杂程度，通过调整内部大量节点之间相互连接的关系，达到处理信息的目的，并具有自学习和自适应的能力。1943 年，心理学家 McCulloch 和数理逻辑学家 Pitts 建立了神经网络和数学模型，称为 MP 模型。他们通过 MP 模型提出了神经元的形式化数学描述和网络结构方法，证明了单个神经元能执行逻辑功能，从而开创了人工神经网络研究的时代。1949 年，心理学家提出了突触联系强度可变的设想。20 世纪 60 年代，人工神经网络得到了进一步发展，更完善的神经网络模型被提出，其中包括感知器和自适应线性元件等。Minsky 等仔细分析了以感知器为代表的神经网络系统的功能及局限后，于 1969 年出版了 *Perceptron* 一书，指出感知器不能解决高阶谓词问题。他们的论点极大地影响了神经网络的研究，加之当时串行计算机和人工智能所取得的成就，掩盖了发展新型计算机和人工智能新途径的必要性和迫切性，使人工神经网络的研究处于低潮。但一些人工神经网络的研究者仍然致力于这一研究，提出了适应谐振理论（ART 网）、自组织映射、认知机网络，同时进行了神经网络数学理论的研究。以上研究为神经网络的研究和发展奠定了基础。美国加州工学院物理学家 Hopfield（1982）提出了 Hopfield 神经网格模型，引入了计算能量概念，给出了网络稳定性判断。1984 年，他又提出了连续时间 Hopfield 神经网络模型，为神经计算机的研究做了开拓性的工作，开创了神经网络用于联想记忆和优化计算的新途径，有力地推动了神经网络的研究，1985 年，又有学者提出了波耳兹曼模型，在学习中采用统计热力学模拟退火技术，保证整个系统趋于全局稳定点。1986 年进行认知微观结构的研究，提出了并行分布处理的理论。人工神经网络的研究受到了各个发达国家的重视，美国国会通过决议将 1990 年 1 月 5 日开始的十年定为 "脑的十年"，国际研究组织号召成员国将 "脑的十年" 变为全球行为。在日本的 "真实世界计算"（RWC）项目中，人工智能的研究成了重要的组成部分。

　　人工神经网络是一种应用类似大脑神经突触连接的结构进行信息处理的数学模型。在工程与学术界也常直接简称为神经网络或类神经网络。神经网络是一种运算模型，由大量的节点（或称神经元）相互连接构成。每个节点代表一种特定的输出函数，称为激励函数（Activation Function）。每两个节点间的连接都代表一个对于通过该连接信号的加权值，称为权重，这相当于人工神经网络的记忆。网络的输出则依网络的连接方式，权重值和激励函数的不同而不同。网络自身通常都是对自然界某种算法或者函数的逼近，也可能是对一种逻辑策略的表达。

人工神经网络是由大量处理单元互联组成的非线性、自适应信息处理系统。它是在现代神经科学研究成果的基础上提出的，试图通过模拟大脑神经网络处理、记忆信息的方式进行信息处理。人工神经网络具有四个基本特征：一是非线性。非线性关系是自然界的普遍特性。大脑的智慧就是一种非线性现象。人工神经元处于激活或抑制两种不同的状态，这种行为在数学上表现为一种非线性关系。具有阈值的神经元构成的网络具有更好的性能，可以提高容错性和存储容量。二是非局限性。一个神经网络通常由多个神经元广泛连接而成。一个系统的整体行为不仅取决于单个神经元的特征，而且可能主要由单元之间的相互作用、相互连接所决定。通过单元之间的大量连接模拟大脑的非局限性。联想记忆是非局限性的典型例子。三是非常定性。人工神经网络具有自适应、自组织、自学习能力。神经网络不但处理的信息可以有各种变化，而且在处理信息的同时，非线性动力系统本身也在不断变化。经常采用迭代过程描写动力系统的演化过程。四是非凸性。一个系统的演化方向在一定条件下将取决于某个特定的状态函数。例如，能量函数的极值相应于系统比较稳定的状态。非凸性是指这种函数有多个极值，故系统具有多个较稳定的平衡态，这将导致系统演化的多样性。

在人工神经网络中，神经元处理单元可表示不同的对象，如特征、字母、概念，或者一些有意义的抽象模式。网络中处理单元的类型分为三类：输入单元、输出单元和隐单元。输入单元接受外部世界的信号与数据；输出单元实现系统处理结果的输出；隐单元是处在输入和输出单元之间，不能由系统外部观察的单元。神经元间的连接权值反映了单元间的连接强度，信息的表示和处理体现在网络处理单元的连接关系中。人工神经网络是一种非程序化、适应性、大脑风格的信息处理，其本质是通过网络的变换和动力学行为得到一种并行分布式的信息处理功能，并在不同程度和层次上模仿人脑神经系统的信息处理功能。它是涉及神经科学、思维科学、人工智能、计算机科学等多个领域的交叉学科。

人工神经网络是并行分布式系统，采用了与传统人工智能和信息处理技术完全不同的机理，克服了传统的基于逻辑符号的人工智能在处理直觉、非结构化信息方面的缺陷，具有自适应、自组织和实时学习的特点。人工神经网络的特点和优越性主要表现在三个方面：第一，具有自学习功能。例如，实现图像识别时，只有先把许多不同的图像样板和对应的识别结果输入人工神经网络，网络就会通过自学习功能，慢慢学会识别类似的图像。自学习功能对于预测有特别重要的意义。预期未来的人工神经网络计算机将为人类提供经济预测、市场预测、效益预测，应用前途远大。第二，具有联想存储功能。用人工神经网络的反馈网络就可以实现这种联想。第三，具有高速寻找优化解的能力。寻找一个复杂问题的优化解往往需要很大的计算量，利用一个针对某问题而设计的反馈型人工神经网络，发挥计算机的高速运算能力可以很快找到优化解。

人工神经网络的构筑理念是受到生物（人或其他动物）神经网络功能的运作启发而产生的。人工神经网络通常是通过一个基于数学统计学类型的学习方法（Learning Method）得以优化，所以人工神经网络也是数学统计学方法的一种实际应用，通过统计学的标准数学方法，我们能够得到大量的可以用函数来表达的局部结构空间，另外，在人工智能学的人工感知领域，通过数学统计学的应用可以来做人工感知方面的决定问题（也就是通过统计学的方法，人工神经网络能够类似人一样具有简单的决定能力和简单的判断能力），这种方法比起正式的逻辑学推理演算更具有优势。由处于多层网络中的大量处理单元广泛互联而成的复杂网络，是在现代脑神经科学的研究成果基础上提出的，用以模拟人类大脑神经网络的结构和行为。神经网络中每个神经元的结构和功能比较简单，而大量神经元组合后产生的系统行为却可以非常复杂。人工神经元是对生物神经元的简化和模拟，它是一个多输入、单输出的非线性元件。某一神经元的输入、输出关系可描述如下：

$$I_j = \sum_{i=1}^{n} w_{ij}x_i - \theta_j \qquad\qquad (3-7)$$

$$y_j = f(I_j) \qquad\qquad (3-8)$$

式中，x_i（$i = 1, 2, \cdots, n$）是从其他神经元传来的输入信号；θ_j 为神经元的阈值；w_{ij} 为从神经元 i 到神经元 j 的连接权值（神经元处于激活状态时，w_{ij} 取正值；处于抑制状态时，w_{ij} 取负值）；n 为输入信号数目；y_j 为神经元输出；f（·）称为激活函数。神经元的非线性特性取决于它的激活函数，常用的激活函数可分为阈值型、分段型和 S 型，其中 S 型函数一般用对数或反正切函数表示。

人工神经网络的工作过程一般可分为学习阶段和工作阶段两个部分。在学习期间，各神经元状态不变，各层之间的连接权值通过训练样本或其他学习标准不断修改，以求达到期望输出。在工作期间，各层之间的连接权值固定，神经元逐渐演化，以求达到网络的稳定状态。对于人工神经网络而言，学习的过程实质上就是网络层之间连接权值的调整过程。人工神经网络连接权值的确定过程通常有两种方法：一是根据具体的输入输出直接计算出来，如 Hopfield 网络做优化计算就属于是这种情况；二是通过学习过程得到，也是大多数人工神经网络所采用的知识获取方式。

按神经网络的学习方式可以将其学习过程分为有导师学习和无导师学习。有导师学习是指网络学习时提供标准的输入输出模式，网络以一定的方式更新网络层之间的权值，使其输入输出关系能够最佳地逼近标准输入输出模式；无导师学习是指网络能自行调整网络层之间的权值以逼近标准输入输出模式，而不需要外界提供指导。有导师学习规则可以分为关联规则和误差修正规则两类。关联规则仅根据连接节点之间的激活水平来更新权值，如 Hebb 学习规则；而误差修正规则则是根据输出误差的外部反馈来更新连接权值。

在神经网络的各种模型中应用最广泛的 Back Propagation 神经网络（BP 网络），也是本书采用的基本模型。常见的多层结构的前馈网络（Multilayer Feedforward Network）由三部分组成，分别是输入层（Input Layer），众多神经元（Neuron）接受大量非线性输入信息，输入的信息称为输入向量；输出层（Output Layer），信息在神经元链接中传输、分析、权衡，形成输出结果，输出的信息称为输出向量；隐藏层（Hidden Layer），简称隐层，是输入层和输出层之间众多神经元和链接组成的各个层面。隐层可以有多层，习惯上会用一层。隐层的节点（神经元）数目不定，但数目越多神经网络的非线性越显著，从而神经网络的强健性（Robustness）（控制系统在一定结构、大小等的参数摄动下，维持某些性能的特性）更显著。习惯上会选输入节点 1.2 倍至 1.5 倍的节点。BP 神经网络包含有一个输入层、一个或多个隐含层和一个输出层。各层内包含若干模拟人工神经元的节点，且同一层内的节点之间无耦合连接关系。信息从输入层进入网络，依次经过各隐含层节点后到达输出层节点。基本结构如图 3 - 1 所示。

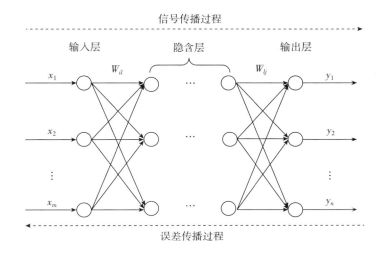

图 3 - 1　BP 神经网络结构

BP 神经网络的学习过程由信息正向传播和误差反向传播组成。根据误差反馈情况，使用梯度下降法修正各层神经元之间的权值和阈值，使误差信号减小。下面给出 BP 神经网络算法的一般步骤：

步骤 1：权值、阈值初始化，给各连接权 W_{ij}、V_{jt} 及阈值 θ_j，γ_t 赋予 $(-1,1)$ 间的随机数值。

步骤 2：从训练集中随机选取一训练模式对 (A_k, Y_k)，其中，$A_k = (a_1^k, a_2^k, \cdots, a_n^k)$，$Y_k = (y_1^k, y_2^k, \cdots, y_n^k)$ 提供给网络。

步骤 3：计算隐含层各神经元的输入 s_j、输出 b_j。

$$s_j = \sum_{i=1}^{n} w_{ij} \cdot a_i - \theta_j, \quad b_j = f(s_j) \quad j = 1, 2, \cdots, p \tag{3-9}$$

步骤 4：计算输出层各神经元的输入 l_t、输出 c_t。

$$l_t = \sum_{j=1}^{t} V_{jt} \cdot b_j - \gamma_t, \quad c_t = f(l_t) \quad t = 1, 2, \cdots, q \tag{3-10}$$

步骤 5：计算输出层各神经元的一般化误差。

$$d_t^k = (y_t^k - c_{tt}) \cdot c_t(1 - c_t) \quad t = 1, 2, \cdots, q \tag{3-11}$$

步骤 6：计算隐含层各神经元的一般化误差。

$$e_j^k = \left[\sum_{t=1}^{q} d_t^k \cdot V_{jt} \right] \cdot b_j(1 - b_j) \quad j = 1, 2, \cdots, p \tag{3-12}$$

步骤 7：修正隐含层至输出层连接权值和输出层各神经元的阈值。

$$V_{jt}(iter+1) = V_{jt}(iter) + \alpha \cdot d_t^k \cdot b_j \tag{3-13}$$

$$\gamma_t(iter+1) = \gamma_t(iter) + \alpha \cdot d_t^k \tag{3-14}$$

步骤 8：修正输入层至隐含层连接权值和隐含层各神经元的阈值。

$$W_{ij}(iter+1) = W_{ij}(iter) + \beta \cdot e_j^k \cdot a_i^k \tag{3-15}$$

$$\theta_j(iter+1) = \theta_j(iter) + \beta \cdot e_j^k \tag{3-16}$$

步骤 9：随机选取下一个学习模式对提供给网络，返回步骤 3，直至全部 m 个模式训练完毕。

步骤 10：重新从 m 个学习模式对中随机选取一个模式对，返回步骤 3，直至网络全局误差函数 E 小于预先设定的一个极小值，即网络收敛；或者，当训练次数大于预先设定值，强制网络停止学习（网络可能无法收敛）。其中，$E = \sum_{k=1}^{m} e_k$，e_k 为其中一个样本误差。

BP 网络的实质是把一组样本的输入和输出问题转化为一个非线性的优化问题，并通过梯度下降算法利用迭代运算更新权值问题的一种学习过程。有文献表明，具有 Sigmoid 非线性函数的三层神经网络可以完全逼近任意非线性函数。基于这一结论，三层 BP 神经网络已经成为应用最广泛的一种网络结构。

（三）小波神经网络

小波分析（Wavelet Analysis）是 20 世纪 80 年代中期发展起来的一门数学理论和方法，由法国科学家 Grossman 和 Morlet 在进行地震信号分析时提出，随后迅速发展。Meyer（1985）在一维情形下证明了小波函数的存在性，并在理论上作了深入研究。Mallat 基于多分辨分析思想，提出了对小波应用起重要作用的 Mallat 算法，它在小波分析中的地位相当于 FFT 在经典 Fourier 分析中的地位。小波分析理论的重要性及应用的广泛性引起了科技界的高度重视。小波分析的出现被认为是傅立叶分析的突破性进展，在逼近论、微分方程、模糊识别、计算机视觉、图像处理、非线性科学等方面使用小波分析取得许多突破性进展。

小波变换的基本思想类似 Fourier 变换，就是用信号在一簇基函数张成的空间上的投影表征该信号。经典的 Fourier 变换把信号按三角正、余弦基展开，将任意函数表示为具有不同频率的谐波函数的线性迭加，能较好地刻画信号的频率特性，但它在时域或空域上无任何分辨，不能做局部分析。这在理论和应用上都带来了许多不足。为了克服这一缺陷，有学者提出了加窗 Fourier 变换。通过引入一个时间局部化"窗函数"改进了 Fourier 变换的不足，但其窗口大小和形状都是固定的，没有从根本上弥补 Fourier 变换的缺陷。而小波变换在时域和频域同时具有良好的局部化性能，有一个灵活可变的时间—频率窗，这在理论和实际应用中都有着重要意义。

小波变换具有时频局部特性和军焦特性，而神经网络具有自学习、自适应、鲁棒性、容错性和推广能力。如何把两者的优势结合起来，一直是人们关注的问题。一种方法是用小波分析对信号进行预处理，即以小波空间作为模式识别的特征空间，通过小波分析来实现信号的特征提取，然后将提取的特征向量送入神经网络处理；另一种即所谓的小波神经网络（Wavelet Neural Network，WNN）或小波网络（Wavelet Network WN）。小波神经网络最早是由法国著名的信息科学研究机构 IRLSA 的 Zhang Qinghu 等提出。小波神经网络是基于小波变换而构成的神经网络模型，即用非线性小波基取代通常的神经元非线性激励函数（如 Sigmoid 函数），把小波变换与神经网络有机地结合起来，充分继承了两者的优点。近年来，国内外有关小波网络的研究报告层出不穷。小波与前馈神经网络是小波网络的主要研究方向。小波还可以与其他类型的神经网络结合，如 Kohonen 网络对信号做自适应小波分解。

本书采用嵌套方式建立小波神经网络预测模型。它利用母小波的平移和伸缩构成一组小波基，将小波基作为神经网络隐含层的激励函数，把用来描述对象特征的评价指标属性值作为其输入向量，将已知的结论向量作为其输出向量，利用共轭梯度法以批处理的方式训练，自适应地更新小波系数和神经网络权重。小波神经网络一般包括输入层、隐含层和输出层，如图 3 - 2 所示。该网络的 m 个输入向量为 $X = (x_1, \cdots, x_m)$，n 维输出向量为 $Y = (y_1, \cdots, y_m)$。

隐含层节点数为 l，输入权值矩阵为 W_{ik}，输出权值矩阵为 W_{kj}，$i = 1$，2，$\cdots$，m，$k = 1$，2，$\cdots$，l，$j = 1$，2，$\cdots$，n。设网络共有 P 个学习样本 $I = [X_1, \cdots, X_P]$，$O = [Y_1, \cdots, Y_P]$，其中 $X_p = [x_{1p}, \cdots, x_{mp}]$，$Y_p = [y_{1p}, \cdots, y_{np}]$，$p(=1, \cdots, P)$ 表示第 p 个样本输入及其对应输出。$Z_k = [z_{k1}, \cdots, z_{kp}]$ 为第 k 个隐单元输出。

小波神经网络算法的具体步骤如下：

步骤 1：网络初始化。随机初始化伸缩因子 a_k，平移因子 b_k 和连接权值 w_{ik}，w_{kj}。

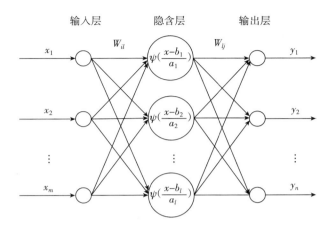

输入层　　　　隐含层　　　　输出层

图 3 - 2　小波神经网络结构

步骤 2：计算输出向量。输入第 p 个样本数据，则网络的第 k 个隐单元输出为：

$$Z_{kp} = \psi \left[\frac{(\sum_{i=1}^{m} w_{ik} x_{ip} - b_k)}{a_k} \right] \tag{3-17}$$

式中，Morlet 小波函数 $\psi(x) = \cos(1.75x) \exp\left(\frac{-x^2}{2}\right)$。对于第 p 个输入样本，网络的第 j 个节点的输出为：

$$Z_{jp} = w_{j0} + \sum_{k=1}^{l} w_{jk} \left(\psi \left[\frac{\sum_{i=1}^{m} (w_{ik} x_{ip} - b_k)}{a_k} \right] \right) \tag{3-18}$$

式中，w_{j0} 为第 j 个目标节点的阈值。假定网络输入样本 X_F 对应的期望输出为：

$$O_p = [o_{1p}, \cdots, o_{np}]$$

步骤 3：网络权值修正。方法如下：

令 $net_{kp} = \sum_{i=1}^{m} w_{ik} x_{ip}$，$net_k$ 为在第 p 个样本下，隐含层第 k 个神经元的输入，则小波神经网络参数可根据下面公式更新：

$$w_{ik}(t+1) = w_{ik}(t) - \eta \frac{\partial E(t)}{\partial w_{ik}(t)} + \mu \Delta w_{ik}(t) \qquad (3-19)$$

$$w_{kj}(t+1) = w_{kj}(t) - \eta \frac{\partial E(t)}{\partial w_{kj}(t)} + \mu \Delta w_{kj}(t) \qquad (3-20)$$

$$a_k(t+1) = a_k(t) - \eta \frac{\partial E(t)}{\partial a_k(t)} + \mu \Delta a_k(t) \qquad (3-21)$$

$$b_k(t+1) = b_k(t) - \eta \frac{\partial E(t)}{\partial b_k(t)} + \mu \Delta b_k(t) \qquad (3-22)$$

步骤4：网络的训练目标即是选择一组合适的 a，b，w 以极小化目标函数 J。即 $E = \frac{1}{2} \sum_{p=1}^{P} \sum_{j=1}^{n} (y_{jp} - o_{jp})^2$，当 $J \leqslant \xi$ 时，ξ 为指定误差精度，算法结束，否则，返回。

（四）基于遗传算法优化的可变学习率小波神经网络预测模型

1. 神经网络学习率的动态调整方法

神经网络的学习速率的选取对网络自身的权值修正和收敛速度有很大的影响。学习率过大，虽然学习速度能加快，但易造成网络的学习过程产生振荡，致使网络收敛性变差，甚至不收敛；若学习率过小，则需要的收敛速度时间变长。王小华（2003）、付加锋等（2006）分别将神经网络应用于线性相位滤波器幅频响应模拟与能源消费预测领域，取得了较好的效果，但在保证神经网络收敛的学习速率取值范围内，学习速率值是固定不变的，且通常是通过经验确定，致使学习速率的取值具有模糊性和不确定性，这将直接影响神经网络自身权值修正和网络收敛速度。基于如上考虑，本书采用可变学习速率来更新网络权值以达到加快网络收敛速度的目的。

（1）若网络在训练过程中，第 $t+1$ 次训练的总误差 ER_{t+1} 在权值更新后比第 t 次训练的总误差 ER_t 增加了，且超过了预设的值 ξ（取值为 3%），则权值更新被取消，学习速率 η 按如下方式更新：$\eta_{t+1} = (1-\alpha)\eta_t$。

（2）若 $ER_{t+1} < ER_t$，则权值更新被接受，且学习速率 η 按如下方式更新：$\eta_{t+1} = (1+\alpha)\eta_t$。

（3）若 $ER_{t+1} > ER_t$，但增长率小于 ξ，则权值更新被接受，且学习速率保持不变。

用数学形式将上述学习率动态调整方式表达如下：

$$\eta_{t+1} = \begin{cases} (1+\alpha)\eta_t & E(t+1) \leqslant E(t) \\ (1-\alpha)\eta_t & E(t+1) > E(t)(1+\xi) \\ \eta_t & E(t) < E(t+1) \leqslant E(t)(1+\xi) \end{cases} \qquad (3-23)$$

由信息论中熵函数理论可知，在最小化函数值方面，熵函数比均方差函数具有更快的收敛性（胡宇仁等，1993）。因此，在度量期望输出与实际输出之间的偏差程度方面采用交叉熵函数作为误差函数会有更好的表现。故在上述学习速率调整过程中，误差函数 E 定义如下：

$$ER = \sum_{p=1}^{P} \sum_{j=1}^{n} (z_{pj}\ln o_{pj} + (1-z_{pj})\ln(1-o_{pj})) \qquad (3-24)$$

这一动态速率调整方案可以根据网络训练的情况动态选择合适的学习速率，避免因学习速率选择不当而造成的网络不收敛或收敛速度过慢的问题。

2. 遗传算法优化的可变学习率小波神经网络（GA - WNN）

遗传算法是一类借鉴生物界的进化规律（适者生存，优胜劣汰遗传机制）演化而来的随机化搜索方法。它由美国的 Holland（1975）首先提出，其主要特点是直接对结构对象进行操作，不存在求导和函数连续性的限定；具有内在的隐并行性和更好的全局寻优能力；采用概率化的寻优方法能自动获取和指导优化的搜索空间，自适应地调整搜索方向，不需要确定的规则。遗传算法的这些性质已被人们广泛地应用于组合优化、机器学习、信号处理、自适应控制和人工生命等领域。它是现代有关智能计算中的关键技术之一。在遗传算法里，优化问题的解被称为个体，表示为一个变量序列，称染色体或基因串。染色体一般被表达为简单的字符串或数字串，不过也有其他的依赖于特殊问题的表示方法适用，这一过程称为编码。首先，算法随机生成一定数量的个体，有时操作者也可以对这个随机产生过程进行干预，以提高初始种群的质量。在每一代中，每一个个体都被评价，并通过计算适应度函数得到一个适应度数值。种群中的个体被按照适应度排序，适应度高的在前面。这里的"高"是相对于初始种群的低适应度来说的。下一步是产生下一代个体并组成种群。这个过程是通过选择和繁殖完成的，其中繁殖包括交配（Crossover，在算法研究领域中称之为交叉操作）和突变（Mutation）。选择则是根据新个体的适应度进行的，但同时并不意味着完全地以适应度高低作为导向，因为单纯选择适应度高的个体将可能导致算法快速收敛到局部最优解而非全局最优解，称之为早熟。作为折中，遗传算法依据原则：适应度越高，被选择的机会越高，而适应度低的，被选择的机会就低。初始的数据可以通过这样的选择过程组成一个相对优化的群体。之后，被选择的个体进入交配过程。一般的遗传算法都有一个交配概率（也称交叉概率），范围一般是 0.6 ~ 1，这个交配概率反映两个被选中的个体进行交配的概率。例如，交配概率为 0.8，则 80% 的夫妻会生育后代。每两个个体通过交配产生两个新个体，代替原来的老个体，而不交配的个体则保持不变。交配父母的染色体相互交换，产生两个新的染色体，第一个个体前半段是父亲的染色体，后半段是母亲的，第二个个体则正好相反。不过这里的半段并不是真正的一半，这个位置叫作交配点，也是随机产生的，可以是染色体的任意位置。再下一步是突变，通过突变产生新的子个体。一般遗传算法都有一个固定的突变常数（又称为变异概率），通常是 0.1 或者更小，这代表变异发生的概率。根据这个概率，新个体的染色体随机的突变，通常就是改变染色体的一个字节（0 变到 1，或者 1 变到 0）。经过这一系列的过程（选择、交配和突变）产生的新一代个体不同于初始的一代，并一代一代地向增加整体适应度的方向发展，因为最好的个体总是更多的被选择去产生下一代，而适应度低的个体逐渐被淘汰掉。这样的过程不断地重复：每个个体被评价，计算出适应度，两个个体交配，然后突变，产生第三代。周而复始，直到终止条件满足为止。

遗传算法（GA）是计算数学中用于解决最佳化的搜索算法，是进化算法的一种。进化算法最初借鉴了进化生物学中的一些现象而发展起来的，这些现象包括遗传、突变、自然选择以及杂交等。遗传算法通常实现方式为一种计算机模拟。对于一个最优化问题，一定数量的候选解（称为个体）的抽象表示（称为染色体）的种群向更好的解进化。传统上，解用二进制表示（即 0 和 1 的串），但也可以用其他表示方法。进化从完全随机个体的种群开始，之后一代一代地发生。在每一代中，整个种群的适应度被评价，从当前种群中随机地选择多个个体（基于它们的适应度），通过自然选择和突变产生新的生命种群，该种群在算法的下一次迭代中成为当前种群。遗传算法是一种通过模拟生物进化过程搜索最优解的方法。它将搜索空间内每一个可能的解编码为一个向量，称为一个染色体。首先，GA 随机产生一些染色体，计算其适应度，其次根据适应度大小对种群中每个染色体进行选择、交叉和变异等遗传操作。通过上述遗传操作，达到剔除适应度低的个体，保留适应度高的个体，从而得到下一代更加优良的种群。

遗传算法运算过程的主要特点是直接对结构对象进行操作，不存在求导和函数连续性的限定；具有内在的隐并行性和更好的全局寻优能力；采用概率化的寻优方法，能自动获取和指导优化的搜索空间，自适应地调整搜索方向，不需要确定的规则。对于一个求函数最大值的优化问题（求函数最小值也类同），一般可以描述为数学规划模型：X 为决策变量、U 是基本空间、R 是 U 的子集。满足约束条件的解 X 称为可行解，集合 R 表示所有满足约束条件的解所组成的集合，称为可行解集合。遗传算法也是计算机科学人工智能领域中用于解决最优化的一种搜索启发式算法，是进化算法的一种。这种启发式通常用来生成有用的解决方案来优化和搜索问题。进化算法最初是借鉴了进化生物学中的一些现象而发展起来的，这些现象包括遗传、突变、自然选择以及杂交等。遗传算法在适应度函数选择不当的情况下有可能收敛于局部最优，而不能达到全局最优。遗传算法的基本运算过程如下：

步骤 1：初始化：设置进化代数计数器 $t=0$，设置最大进化代数 T，随机生成 M 个个体作为初始群体 P（0）。

步骤 2：个体评价：计算群体 $P(t)$ 中各个个体的适应度。

步骤 3：选择运算：将选择算子作用于群体。选择的目的是把优化的个体直接遗传到下一代或通过配对交叉产生新的个体再遗传到下一代。选择操作是建立在群体中个体的适应度评估基础上的。

步骤 4：交叉运算：将交叉算子作用于群体。遗传算法中起核心作用的就是交叉算子。

步骤 5：变异运算：将变异算子作用于群体。即是对群体中的个体串的某些基因座上的基因值作变动。

步骤 6：终止条件判断：若 $t = T$，则以进化过程中所得到的具有最大适应度个体作为最优解输出，终止计算。

遗传算法是解决搜索问题的一种通用算法，对于各种通用问题都可以使用。搜索算法的共同特征为：组成一组候选解，依据某些适应性条件测算这些候选解的适应度，根据适应度保留某些候选解，放弃其他候选解，对保留的候选解进行某些操作，生成新的候选解。遗传算法从问题解的串集开始搜索，而不是从单个解开始，这是遗传算法与传统优化算法的极大区别。传统优化算法是从单个初始值迭代求最优解；容易误入局部最优解。遗传算法从串集开始搜索，覆盖面大，利于全局择优。遗传算法同时处理群体中的多个个体，即对搜索空间中的多个解进行评估，减少了陷入局部最优解的风险，同时算法本身易于实现并行化。遗传算法基本上不用搜索空间的知识或其他辅助信息，而仅用适应度函数值来评估个体，在此基础上进行遗传操作。适应度函数不仅不受连续可微的约束，而且其定义域可以任意设定。这一特点使得遗传算法的应用范围大大扩展。遗传算法不是采用确定性规则，而是采用概率的变迁规则来指导他的搜索方向，具有自组织、自适应和自学习性。遗传算法利用进化过程获得的信息自行组织搜索时，适应度大的个体具有较高的生存概率，并获得更适应环境的基因结构。此外，算法本身也可以采用动态自适应技术，在进化过程中自动调整算法控制参数和编码精度，如使用模糊自适应法。

在遗传算法中，上述几个特征以一种特殊的方式组合在一起：基于染色体群的并行搜索，带有猜测性质的选择操作、交换操作和突变操作。这种特殊的组合方式将遗传算法与其他搜索算法区别开来。遗传算法与传统算法相比，具有的优越性包括：多点搜索，能以较大的概率找到问题的最优解，其并行运算的特征使其能够有效地处理大规模优化问题；遗传算法独立于问题之外，其开放式的结构使其很容易与其他算法结合，得到性能更佳的嵌套算法。遗传算法的基本操作分为：选择操作：以一定概率选择旧群体个体到新群体中，个体被选中的概率跟适应度值有关，个体适应度越好被选中的概率越大；交叉操作：信息交换思想选两个个体交换组合产生新的优秀个体，染色体位置互换；变异操作：以一定的低概率发生，染色体位置产生变异（通常取值在 0.001 ~ 0.01）。遗传算法具有高效启发式搜索、并行计算等特点，应用于函数优化、组合优化及生产调度等方面。

　　遗传算法优化 BP，包括神经网络结构确定、遗传算法优化和 BP 神经网络预测三个部分。其中，用遗传算法优化 BP 神经网络的初始权值和阈值，使优化后的 BP 神经网络能够更好地预测函数输出。遗传算法优化 BP 神经网络的目的是通过遗传算法得到更好的网络初始权值和阈值，其基本思想就是用个体代表网络的初始权值和阈值、个体值初始化的 BP 神经网络的预测误差作为该个体的适应度值，通过选择、交叉、变异操作寻找最优个体，即最优的 BP 神经网络初始权值。遗传算法包含以下四个基本要素：一是染色体编码方法；二是适应度函数；三是遗传操作（选择、交叉、变异）；四是运行参数（参数即包括群体大小 M、遗传代数 G、交叉概率 Pc 和变异概率 Pm）。

　　基于上述考虑，本书采用遗传算法对小波神经网络的参数进行优化以提高网络精度。

　　小波神经网络初始权值的优劣是影响网络训练速度的重要因素之一，并且理想的初始权值可以有效提高网络模型的全局寻优能力。对于神经网络权值的优化方法，许多学者进行了创造性的研究，本书利用遗传算法对小波神经网络的权值和小波伸缩、平移系数进行初始化。GA – WNN 的步骤列出如下，其算法流程如图 3 - 3 所示。

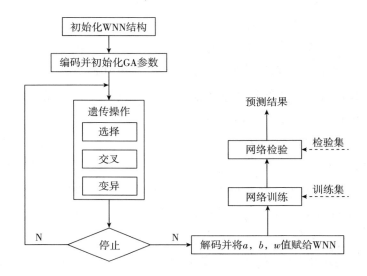

图 3 - 3   GA - WNN 网络流程

步骤 1：GA 初始化。将小波神经网络中的权系数 w_{ik}，w_{kj} 和小波系数 a_k，b_k 按顺序用实数编码方案编码成一个染色体，并随机产生 pop 个染色体作为算法的初始种群。设定算法的选择概率 p_s、交叉概率 p_c、变异概率 p_m 和终止规则。

步骤 2：GA 将染色体中的参数值分配到 WNN 网络中，通过训练样本获得网络输出，并以实际输出与网络输出的差值的倒数作为该染色体的适应度值。GA 的适应度函数可表示为：$f = \dfrac{1}{E}$，即

$$f = \cfrac{1}{\dfrac{1}{2}\sum_{p=1}^{P}\sum_{j=1}^{n}(y_{jp} - o_{jp})^2} \qquad (3-25)$$

步骤 3：若满足终止条件，转至步骤 5。

步骤 4：循环（遗传操作）。①选择：选出一个适应度最大的个体，直

接遗传给下一代。采用轮盘赌方法进行选择操作。②交叉：按照概率 p_c 随机选择两个个体进行单点交叉。③变异：按照概率 p_m 变异产生新的个体。

步骤 5：算法停止，得到最佳个体，将其解码为网络相应的权值、隐含层节点的伸缩和平移参数。

步骤 6：基于训练数据集，以可变学习速率参照上述网络训练步骤进行网络训练。

步骤 7：基于检验数据集进行网络检验和预测，并输出结果。

四、中石化某油田关键物资需求规律预测案例

下面以中石化某油田的关键物资需求规律预测为例，详细阐述上述预测方法的应用。

（一）连续不确定型需求类物资预测

连续性物资的需求具有不确定性的特点，但需求的变化过程却具有一定的波动规律可循，因此，在确定主要影响因素的基础上可选择 GA－WNN 预测方法对该类物资的需求规律进行预测。使用该方法前，需要先分析出影响该类物资需求规律波动的主要因素是什么，将这些主要影响因素作为网络输入，将物资的实际需求作为输出建立 GA－WNN 预测模型。具体预测过程如下：

1. 针对普通油管 \ 73×5.51 \ N80E 需求规律的 GA－WNN 模拟

（1）数据准备。中石化某油田在 2012 年完成的井口数为 475 口，参与工作的钻井队数共有 161 队（每队可独立完成钻井任务），当年石油产能为 193824 吨；2013 年完成的井口数为 496 口，参与工作的钻井队数共有 99 队，石油产能为 475624 吨；2014 年完成的井口数为 184 口，参与工

作的钻井队数共有 35 队，石油产能为 358725 吨。另外，通过对从该油田下属某供应站 ERP 系统导出的《2012～2014 年某供应站单井物资使用明细》中普通油管＼73×5.51＼N80E 的数据进行统计得到 2012～2014 年油管分季度使用情况如表 3－3 所示：

表 3－3　某油田普通油管＼73×5.51＼N80E 分季度使用情况 单位：吨

时间	2012 年第一季度	2012 年第二季度	2012 年第三季度	2012 年第四季度	2013 年第一季度	2013 年第二季度	2013 年第三季度	2014 年第一季度	2014 年第二季度	2014 年第三季度
出库量	590.783	633.502	391.052	266.620	196.162	269.145	180.645	96.030	156.022	113.025

（2）针对普通油管＼73×5.51＼N80E 的需求规律影响因素分析。通过观察华北局从 2012 年第一季度至 2014 年第三季度普通油管＼73×5.51＼N80E 的出库数量，发现趋势与季节因素有很大的关系，使用量随着季节的变化呈现先增后降的规律，如图 3－4 所示。

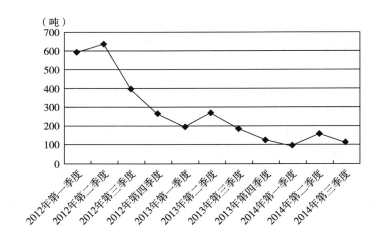

图 3－4　普通油管＼73×5.51＼N80E 季度出库数据时序

由此可以确定生产季度是影响普通油管＼73×5.51＼N80E 需求的主要因素之一。同时从图 3－4 可知，2012～2014 年，每年普通油管＼73×

5.51 \ N80E 的使用量逐年减少，为更准确地找出其他影响因素，以年为单位观察普通油管 \ 73 × 5.51 \ N80E 的出库量与井口数、井队数和石油产能的关系，如图 3 - 5 所示。

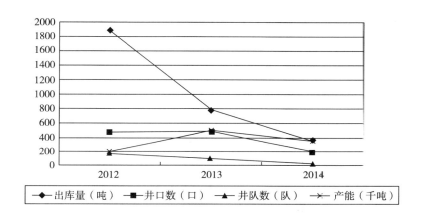

图 3 - 5　普通油管 \ 73 × 5.51 \ N80E 的出库量、井口数、
井队数和石油产能年度数据时序

从图 3 - 5 中可以看出，普通油管 \ 73 × 5.51 \ N80E 的出库数量呈递减趋势，井队数在此期间也呈递减趋势，只是趋势较出库量平缓。井口数在此期间呈递减趋势，且趋势与出库量非常相似。而产能与库存量的变化几乎没有关联。为更清楚地了解普通油管 \ 73 × 5.51 \ N80E 的出库量与井口数、井队数和石油产能的关系，通过 SPSS 软件计算得出普通油管 \ 73 × 5.51 \ N80E 的出库量与井口数、井队数和石油产能之间的 Pearson 相关系数，如表 3 - 4 所示。

表 3 - 4　出库量与井口数、井队数和石油产能之间的 Pearson 相关系数

参数	井口数	井队数	石油产能
出库量	0.663	0.963	− 0.773

由此可知，出库量与井队数和井口数高度正相关，而与产能高度负相

关。综上,可以确定影响普通油管 \ 73 × 5.51 \ N80E 需求的主要因素有生产季度、井口数、井队数和石油产能。

(3) 基于遗传算法优化的小波神经网络模拟。GA - WNN 网络可以很好地拟合多变量之间复杂的非线性关系,在此考虑生产季度、井口数、井队数和石油产能与普通油管 \ 73 × 5.51 \ N80E 需求之间的关系,利用 GA - WNN 对普通油管 \ 73 × 5.51 \ N80E 的需求规律进行分析,以生产季度、井口数、井队数和石油产能作为 GA - WNN 网络的输入数据,普通油管 \ 73 × 5.51 \ N80E 的出库数量作为 GA - WNN 网络的输出数据。将 2012 年第一季度至 2014 年第一季度的数据作为训练数据对神经网络进行训练,利用最后两组数据对 GA - WNN 网络的性能进行测试。GA - WNN 网络的性能测试结果如表 3 - 5 所示。

表 3 - 5　GA - WNN 网络测试结果

指标	实际需求	预测需求	误差百分比（%）
2014 年第二季度	156.0220	140.1850	0.0977
2014 年第三季度	113.0250	125.8650	0.1136

从表 3 - 5 可知,GA - WNN 网络对该种物资需求规律预测的误差百分比均小于 0.12%,表明 GA - WNN 网络对普通油管 \ 73 × 5.51 \ N80E 的需求预测准确率较高。

2.14 种物资小波神经网络模拟

根据上节总结出的各集合物资需求的影响因素,利用小波神经网络分别对不同的物资需求进行分析,以各物资的影响因素作为输入,对应物资的出库数量作为输出。例如,羟丙基瓜尔胶一级以生产季度、井队数和石油产能作为小波神经网络的输入数据,对应物资的出库数量作为输出数据。将 2012 年第一季度至 2014 年第一季度的数据作为训练数据对神经网络进行训练,利用最后两组数据对网络性能进行测试。小波神经网络性能测试结果如表 3 - 6 所示。

表3-6 2014年连续性物资小波神经网络预测结果

物资	预测时间	实际值	预测值	误差百分比（%）
游梁式抽油机 \ CYJT \ 8-3-26HY	第二季度	10.000	10.839	0.0839
	第三季度	6.000	6.932	0.1553
野营房 \ 4人间（带25寸电视）卫星接收	第二季度	10.000	9.873	0.0127
	第三季度	14.000	15.518	0.1084
抽油杆 \ CYG \ 22×8D	第二季度	19264.000	19670.555	0.0211
	第三季度	15672.000	14731.765	0.0600
抽油杆 \ CYG \ 19×8D	第二季度	38368.000	36386.940	0.0453
	第三季度	17598.000	15400.742	0.1249
普通油管 \ 73×5.51 \ J55N	第二季度	601.559	541.402	0.1000
	第三季度	849.545	927.573	0.0918
羟丙基瓜尔胶一级	第二季度	134.432	127.632	0.0506
	第三季度	247.349	228.462	0.0764
助排剂 \ 破乳助排剂 CX-307	第二季度	114.440	105.125	0.0814
	第三季度	187.721	175.234	0.0665
氯化钾 \ （98%）进口	第二季度	460.510	450.768	0.0212
	第三季度	756.027	758.567	0.0034
杀菌剂 \ 压裂用环保杀菌剂无色无味无毒	第二季度	28.972	38.663	0.1274
	第三季度	76.415	76.223	0.0025
普通套管 \ 139.7×7.72 \ J55L	第二季度	969.027	1036.731	0.0699
	第三季度	304.107	283.910	0.0664
普通套管 \ 139.7×7.72 \ N80L	第二季度	1884.647	1841.914	0.0227
	第三季度	1652.234	1506.907	0.0880
普通套管 \ 244.5×8.94 \ J55 L ERW	第二季度	721.619	719.545	0.0029
	第三季度	392.346	432.536	0.1024
活性剂 \ 低温激活剂 G505-DJJ	第二季度	51.024	55.111	0.0801
	第三季度	162.152	153.994	0.0503
普通油管 \ 73×5.51 \ N80E	第二季度	156.022	140.185	0.0977
	第三季度	113.025	125.865	0.1136

从表 3 - 6 可以看到，这 14 种物资的预测值与实际值相差并不大，误差百分比大多在 0.15% 以下，说明小波神经网络对上述这 14 种物资的需求进行预测的效果还是比较好的。

（二）时断时续型物资预测

根据物资需求中断的时间可以将时断时续型物资划分为如下 4 个类型：在 2012 年需求出现中断的物资、在 2013 年需求出现中断的物资、在 2014 年需求出现中断的物资和各年度均有需求出现中断的物资。由于 2014 年需求出现中断的物资在 2014 年度的需求规律很不稳定且需求量较少，而各年均有需求出现中断的物资，很难找出需求规律，因此这两类物资的需求较难预测，即便使用现有预测方法进行预测，但由于数据记录缺失或者错误的原因也会使预测的准确率降低、预测效果不佳，因此，此部分仅考虑在 2012 年或 2013 年需求出现中断的物资需求预测。

1. 在 2012 年度需求出现中断的物资需求规律预测

（1）数据准备。由于该类物资在 2012 年的需求出现了中断，因此暂不考虑在 2012 年的该物资需求，以 2013 ~ 2014 年的该种物资需求量作为原始数据。则该类物资 2013 年第一季度至 2014 年第三季度的出库数量如表 3 - 7 所示。

表 3 -7   压裂用石英砂等物资原始数据

物资		2013 年第一季度	2013 年第二季度	2013 年第三季度	2014 年第一季度	2014 年第二季度	2014 年第三季度
出库量	压裂用石英砂\0.425 - 0.85mm	7766.64	10356.25	5003.2	5304	6251.6	12003.99
	注水井口装置\KZ\250/65	4	30	16	2	39	38
	游梁式抽油机\CYJ\3 -1.5 -9 4kW	4	31	39	12	15	12

（2）该类物资需求规律的影响因素分析。由于该类物资在 2012 年出现中断，因此生产季度不再作为该类物资的影响因素。通过 SPSS 软件分析得出了该类物资各自的出库量与井口数、井队数和石油产能的相关系数，如表 3 - 8 所示。

表 3 - 8　压裂用石英砂等物资出库量与井口数、井队数和
石油产能之间的 Pearson 相关系数

物资		井口数	井队数	石油产能
出库量	压裂用石英砂 \ 0.425 - 0.85mm	- 0.7895	- 0.8359	- 0.8935
	注水井口装置 \ KZ \ 250/65	- 0.7986	- 0.7253	- 0.8451
	游梁式抽油机 \ CYJ \ 3 - 1.5 - 9 4kW	0.8539	0.8872	0.3436

从表 3 - 8 可以看出，压裂用石英砂 \ 0.425 - 0.85mm、注水井口装置 \ KZ \ 250/65 和游梁式抽油机 \ CYJ \ 3 - 1.5 - 9 4kW 的出库数量与井口数、井队数和石油产能均高度相关，因此，该类物资需求规律的影响因素为井口数、井队数和石油产能。

（3）基于 GA - WNN 网络的该类物资需求规律预测。将分析得出的各物资的影响因素作为 GA - WNN 网络的输入，对应物资的出库数量作为 GA - WNN 网络的输出，以 2013 年第一季度至 2014 年第一季度的该类物资的实际需求数据作为训练数据对 GA - WNN 网络进行训练，利用 2014 年第二季度和第三季度的数据对网络性能进行测试。GA - WNN 网络性能测试结果如表 3 - 9 所示。

表 3 - 9　压裂用石英砂等物资小波神经网络预测结果

物资	预测时间	实际值	预测值	误差百分比（％）
压裂用石英砂 \ 0.425 - 0.85mm	2014 年第二季度	6251.600	6027.640	0.0358
	2014 年第三季度	12003.990	12778.355	0.0645
注水井口装置 \ KZ \ 250/65	2014 年第二季度	39.000	40.876	0.0481
	2014 年第三季度	38.000	35.229	0.0729

物资	预测时间	实际值	预测值	误差百分比（%）
游梁式抽油机\ CYJ\3-1.5-9 4kW	2014年第二季度	15.000	14.092	0.0605
	2014年第三季度	12.000	13.076	0.0897

从预测的结果来看，这三种物资预测的误差百分比均小于0.1%，说明预测的误差较小，GA-WNN网络对这三种物资的预测效果比较理想。

2.2013年出现中断的物资需求规律预测

（1）数据准备。由于该类物资在2013年的需求出现了中断，因此暂不考虑2013年该类物资的需求，以2012~2014年的物资需求量作为原始数据。则该类物资在2012年第一季度至2012年第四季度和2014年第一季度至2014年第三季度的出库量如表3-10所示。

表3-10　高黏等物资原始数据

物资		2012年第一季度	2012年第二季度	2012年第三季度	2012年第四季度	2014年第一季度	2014年第二季度	2014年第三季度
出库量	羧甲基纤维素钠盐 HV-CMC\高黏	132.5	197.65	176.2	134.95	17.5	23.475	30.25
	膨润土一级	1508	2059	1642	1589.5	269	440.825	593
	羧甲基纤维素钠盐 LV-CMC\低黏	175.4	217.5	181.5	154.5	15	31.5	34

（2）该类物资需求规律的影响因素分析。由于这类物资在2013年出现中断，因此生产季度不再作为该类物资的影响因素。通过SPSS软件分析得出了该类物资各自的出库量与井口数、井队数和石油产能的相关系数，如表3-11所示。

根据所得的相关系数可知，羧甲基纤维素钠盐HV-CMC\高黏、膨润土一级和羧甲基纤维素钠盐LV-CMC\低黏均与井口数和井队数高度正相关，与石油产能高度负相关，因此，这三种物资的影响因素可确定为

表 3 – 11　高黏等物资出库量与井口数、井队数和

石油产能之间的 Pearson 相关系数

物资		井口数	井队数	石油产能
出库量	羧甲基纤维素钠盐 HV – CMC \ 高黏	0.8824	0.8365	– 0.7654
	膨润土一级	0.8243	0.8632	– 0.8332
	羧甲基纤维素钠盐 LV – CMC \ 低黏	0.8056	0.7963	– 0.7995

井口数、井队数和石油产能。

（3）基于 GA – WNN 网络的该类物资需求规律预测。根据上节分析总结得出的各物资影响因素，利用 GA – WNN 网络对这类物资的需求规律进行预测研究。以各物资的影响因素作为 GA – WNN 网络的输入，对应物资的出库数量作为 GA – WNN 网络的输出，将 2012 年各季度和 2014 年第一季度的该类物资实际需求数据作为训练数据对 GA – WNN 网络进行训练，利用 2014 年第二季度和第三季度的数据对网络性能进行测试。GA – WNN 网络性能测试结果如表 3 – 12 所示。

表 3 – 12　高黏等物资小波神经网络预测结果

物资	预测时间	实际值	预测值	误差百分比（%）
羧甲基纤维素钠盐 HV – CMC \ 高黏	2014 年第二季度	23.475	20.990	0.1058
	2014 年第三季度	30.250	28.825	0.0471
膨润土一级	2014 年第二季度	440.825	409.491	0.0711
	2014 年第三季度	593.000	545.416	0.0802
羧甲基纤维素钠盐 LV – CMC \ 低黏	2014 年第二季度	31.500	28.271	0.1025
	2014 年第三季度	34.000	37.838	0.1129

由表 3 – 12 可以看出，高黏、膨润土一级和低黏的误差百分比均小于 0.12%，说明 GA – WNN 网络对该类物资需求规律的预测效果较理想。

通过对该油田 29 种关键物资自 2012 年第一季度至 2014 年第三季度每个季度出库数量的观察与分析，统计了关键物资预测情况，如表 3 – 13 所示。

表 3 – 13　基于 GA – WNN 的物资预测情况统计

连续性物资预测情况		时断时续型物资预测情况		总计	
物资数	资金占比（％）	物资数	资金占比（％）	物资总数	资金总占比（％）
14	59.23	6	11.89	20	71.13

五、本章小结

　　油田企业的物资需求受到诸多因素的影响，需求规律呈现明显的非线性特征，这大大增加了预测的难度。本章根据影响油田企业物资需求规律的不同因素将物资分门别类，据此建立了在遗传算法优化可变学习率的小波神经网络为主的预测方法。在该预测方法中，由于小波神经网络能够通过调整小波系数使网络具有更强的函数逼近能力，特别是在突变点上的预测能力上要大大优于传统神经网络，因而有效地弥补了传统神经网络易陷入局部极小的缺陷。为进一步提高小波神经网络预测模型的训练速度和预测精度，减少网络震荡，利用遗传算法对神经网络的初始权值和小波系数进行了优化，并且通过可变学习速率更新网络权值有效地提高了网络的预测性能。以中石化某油田企业物资需求的实际数据为例进行了验证，结论表明，该方法在油田物资需求预测问题中的精度和运算速度均达到了满意的效果，显示了其在预测方面的优越性。通过该方法对油田企业物资需求规律进行预测，可以有效提高油田企业物资需求预测的准确性和及时性，有效地减少油田企业在生产经营过程中由于物资缺乏引起的经济损失和物资超储增加的存储成本，提高了油田企业的竞争力。

第四章
不确定性需求下油田企业仓储选址研究

一、问题背景

    油田企业的生产经营有着自身的特点,很多物资的需求频率高、数量大、随机性强,一旦缺货会引起较大损失,但超储积压又会造成资金浪费。合理的仓储位置和规模可以有效提高物资配送能力、提升物流效率、降低物流成本。仓库选址是按照一定的规划方式,把仓库设置在合理位置上以实现最优的定位,主要是对仓库的位置、数量进行合理的设置和分配。在油田企业物流系统中,仓储选址研究是油田企业物流系统优化中一个具有战略性意义的问题。仓储设施是整个油田物流网络系统的关键节点,是连接上游和下游的重要环节,起着承上启下的作用。这些大型仓储设施的建设、租赁与运营需要耗费大量的人力、物力和财力资源,因此,科学、合理的仓储规模与选址十分重要。科学、合理的仓储设施选址可以有效地节约资源、降低物流成本,优化物流网络结构和空间布局,提高油田企业物流经济效益和社会效益,确保提供优质服务,是实现集约化经营、建立资源节约型物流至关重要的一步。

二、仓储选址问题的基本理论与方法

随着供应链与物流系统的迅猛发展，仓储选址问题已经获得了国内外学者和企业界的广泛关注，在理论与实践中均取得了丰富的研究成果，本章从选址问题的分类、优化模型、基于层次分析的评价方法上对所采用的相关理论作简要介绍。另外，由于油田企业仓储选址是一个中长期决策，所以在进行仓储选址时，大量油井位置尚未确定，因此，在建立优化模型之前，应先结合油田企业的生产计划，通过适当的方法模拟出企业未来井口的合理数量和位置，得到各油井所需要的物资数量，以构建仓储选址优化模型。本章采用了蒙特卡罗随机模拟方法预测油田未来的井口数量和位置，下面对该方法作简要介绍。

（一）选址问题的主要分类

设施选址问题是运筹学中的经典优化问题，该问题源于工厂、医院、商店等单位的建造、设置点布局等实际背景。德国学者 Weber（1909）第一篇选址论文的发表，标志着选址问题进入到科学研究的时代。选址问题一直是国内外物流链等相关领域的热点课题，引起了人们广泛的关注。

在设施选址研究中，就研究方法而言，可以分为定性类研究和定量类研究两大类，如图 4-1 所示。

定性研究方法包括 Topsis、层次分析法、模糊综合评判法、投入—产出（又称为 DEA）评价法等，这些方法的主要思想为事先确定若干仓储备选点，结合企业选址的具体要求和目标，建立相关的指标体系（指标体系中一般包括运输费用、交通因素、社会因素等多个纬度）进行全面、综合

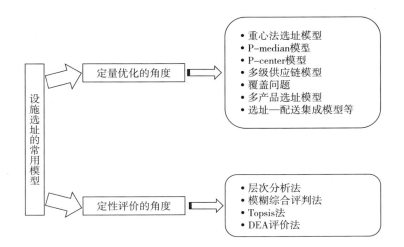

图 4-1 选址问题的模型分类

性的评价，最终给出备选点的排名，得到仓储选址的合理化决策建议。定性研究的优点是考虑的因素全面，缺点是在备选点的选择、指标体系的组成、指标的权重与打分均存在着一定的主观性。

定量研究主要是从运输费用最优化的角度建立运筹学优化模型，该研究是管理科学、系统科学、数学、计算机科学和经济学等领域的交叉学科。绝大多数仓储选址类研究均从定量优化的角度进行考虑。从定量研究的角度，物流配送中心选址问题可以分为单一物流配送中心问题和多个物流配送中心选址问题，多个物流配送中心问题和单个物流中心选址问题相比，前者更复杂，因为多个物流中心的选址问题还要兼顾设施之间存在的竞争、设施成本和需求的分配等因素。

按决策变量的特征，选址可以分为连续选址问题和离散选址问题两类。连续选址问题是指决策变量可以在某一平面内连续取值；离散选址问题是指决策变量在取值有限且离散的点中取值。马良和蒋香复（1998）研究了一类带有区域约束的多目标选址问题，并给出了用模拟退火进行求解的策略，经实证研究表明，该模型和算法可以给出满意的选址策略；林晓颖（2005）对单目标选址问题进行了研究，通过引入适当的变换将建立的数学模型转化成一个线性规划模型，然后利用运筹学中的单纯形法进行求解，计算实例表明这种方法简单且有效，这些都是连续选址问题；孙晓飞和张强研究的物流配送中心的多目标优化模型，是典型的离散选址问题，在备选点的基础上进行多目标优化。Brimberg 和 Drezner（2013）提出了一种新的局部搜索技术来计算连续平面上的 P – median 问题。Serra（1996）提出了一种新的方法来求解有约束的最大覆盖选址问题。Drezner 和 Drezner（2012）研究了极大极小的逐步覆盖的选址问题。

按时间纬度划分，选址可以分为静态选址和动态选址，静态选址是指在选址时以一定时期内给定的数据为基础；而动态选址是指在选址时具有一定的不确定性，如需求、客户位置的不确定性或者参数随着时间推移而变化，如选址的随机规划模型。

按照供应链的级数还可以将选址分为一级选址模型（如只考虑客户和物流中心），二级选址（如考虑客户、物流中心和分销商等因素），三级选址模型（如考虑客户、物流中心、分销商和供应商）等模型。研究表明，选址模型的级数越高，得到全局最优解的难度越大，多级选址模型的求解算法主要是构造多阶段的启发式算法。

（二）选址问题的定量优化模型

下面分连续性选址和离散性选址两类简要介绍仓储选址的定量优化模型。

1. 连续性选址模型

最早的选址模型是美国著名工程师 Weber（1909）提出的工厂选址模型，也称为 Weber 问题，该模型是一个最简单的连续选址模型，可表述如下：

假设要选工厂坐标为 $(x, y) \in R \times R$，各个需求点的坐标依次为：(a_k, b_k) $(k \in K)$。目标函数是到该设施的加权距离和的最小化。数学模型表示如下：

$$(WP) \min \sum_{k=1}^{K} w_k \sqrt{(x - a_k)^2 + (y - b_k)^2} \qquad (4-1)$$

Weber 问题可以推广到许多的连续选址模型，如多设施 Weber 问题、有容量限制的多设施 Weber 问题、有容量限制的单源多设施 Weber 问题、有容量的多源多设施 Weber 问题。下面给出一个无容量限制的多源多设施 Weber 问题的模型：

$$(NSWP) \min \sum_{k=1}^{K} \sum_{j=1}^{p} (w_k \sqrt{(x_j - a_k)^2 + (y_j - b_k)^2}) z_{kj} \qquad (4-2)$$

s.t. $\sum_{j=1}^{p} z_{kj} = 1, \quad \forall k \in K$

$z_{kj} \in \{0, 1\}, \quad \forall k \in K, j = 1, \cdots, p$

$x, y \in R$

式中，z_{kj} 是决策变量，$z_{kj} = 1$ 表示顾客 k 由设施 j 来提供，否则 $z_{kj} = 0$；目标函数表示总运输费用最小化。

2. 离散性选址模型

（1）P – median 问题优化模型。假设 K 表示节点的集合；$J \subseteq K$ 表示备选的设施集合；$w_k d_{kj}$ 表示节点 k 与 j 之间的加权距离；

$$y_j = \begin{cases} 1, & \text{如果备选设施 } j \text{ 被启用} \\ 0, & \text{如果备选设施 } j \text{ 未被启用} \end{cases}$$

$$x_{kj} = \begin{cases} 1, & \text{如果顾客 } k \text{ 由设施 } j \text{ 提供服务} \\ 0, & \text{否则} \end{cases}$$

数学模型表示如下：

$$\min \sum_{k \in K} \sum_{j \in J} w_k d_{kj} x_{kj} \qquad (4-3)$$

$$\sum_{j \in J} x_{kj} = 1, \quad \forall k \in K \qquad (4-4)$$

$$x_{kj} \leqslant y_j, \quad \forall k \in K, j \in J \qquad (4-5)$$

$$\sum_{j \in J} y_j = p \qquad (4-6)$$

$$x_{kj}, y_j \in \{0, 1\}, \quad \forall k \in K, j \in J \qquad (4-7)$$

目标函数表示运输费用最小化，其中 d_{kj} 是真实的路网距离，约束条件式（4-4）表示每个客户的需求都得到满足。约束条件式（4-5）表示只有该设施被启用了，客户才能在这个设施得到需求。约束条件式（4-6）

表示选址的总数目。约束条件式（4-7）表示决策变量的整数约束。很显然这个问题是一个典型的组合优化问题，该问题已经被证明是 NP 难问题。

（2）CPLP 问题优化模型：有容量限制的设施选址模型。假设 I 表示备选设施的集合；J 表示客户集合；d_j 表示客户 j 的需求量；c_{ij} 表示单位产品从设施 i 到客户 j 的费用；s_i 表示设施 i 的能力约束（可以表示生产能力或者仓库的容量限制等）；f_i 表示设施 i 的启用费用。

设 x_{ij} 表示客户 j 从设施 i 供应的产品量与其的总需求量的比值（$0 \leqslant x_{ij} \leqslant 1$）。

优化模型可列出如下：

$$\min \sum_{i \in I} \sum_{j \in J} c_{ij} d_j x_{ij} + \sum_{i \in I} f_i y_i \qquad (4-8)$$

$$\text{s. t.} \quad \sum_{i \in I} x_{ij} = 1, \quad \forall j \in J \qquad (4-9)$$

$$\sum_{j \in J} d_j x_{ij} \leqslant s_i y_i, \quad \forall i \in I \qquad (4-10)$$

$$x_{ij} \leqslant y_i, \quad \forall i \in I, \ j \in J \qquad (4-11)$$

$$0 \leqslant x_{ij} \leqslant 1, \quad \forall i \in I, \ \forall j \in J \qquad (4-12)$$

$$y_i \in \{0, 1\}, \quad \forall i \in I \qquad (4-13)$$

目标函数式（4-8）表示运输费用和设施启用费用之和最小化。约束条件式（4-9）表示每个客户的需求都得到满足。约束条件式（4-10）表示每个设施提供给每个客户的产品之和不超过设施的能力（生产能力或者储存容量）。约束条件式（4-11）表示只有这个设施被启用了，该设施才能给客户供应需求。

（3）多级设施选址模型。考虑到一个特殊的情况，工厂必须通过配送中心向顾客运送货物，其实在实际物流活动中，往往顾客对产品的需求是种类多但每种产品的数量相对较少；供货的公司或者第三方物流公司需要一个或者多个合适的地方建立配送中心，在中心将产品按照需求重新分配装箱，然后送给顾客。

下面给出一个最常见的二级选址模型。假设 I 表示工厂集合；J 表示配送中心集；K 表示客户的集合；f_i 表示工厂 i 的固定开办费用；g_j 表示配送中心 j 的固定开办费用；d_k 表示客户 k 对产品的需求量；c_{ijk} 表示单位产品从工厂 i 经配送中心运送到客户 k 的费用。

$$y_i = \begin{cases} 1, & \text{如果工厂 } i \text{ 被启用} \\ 0, & \text{否则} \end{cases}$$

$$x_j = \begin{cases} 1, & \text{如果配送中心 } j \text{ 开办} \\ 0, & \text{否则} \end{cases}$$

二级连续选址模型如下：

$$\min \sum_{i \in I} \sum_{j \in J} \sum_{k \in K} d_k c_{ijk} x_{ijk} + \sum_{i \in I} f_i y_i + \sum_{j \in J} g_j z_j \qquad (4-14)$$

$$\text{s. t.} \sum_{i \in I} \sum_{j \in J} x_{ijk} = 1, \quad \forall k \in K \qquad (4-15)$$

$$\sum_{j \in J} x_{ijk} \leq y_i, \quad \forall i \in I, \ k \in K \qquad (4-16)$$

$$\sum_{i \in I} x_{ijk} \leq z_j, \quad \forall j \in J, \ k \in K \qquad (4-17)$$

$$0 \leq x_{ijk} \leq 1, \quad \forall i \in I, \ j \in J, \ k \in K \qquad (4-18)$$

$$y_i z_j \in \{0, 1\}, \quad \forall i \in I, \ j \in J \qquad (4-19)$$

目标函数式（4-14）指求总运输费用和总开办费用的最小值。等式约束式（4-15）保证每个顾客的需求都必须得到满足。不等式约束式（4-16）表明只有启用的工厂才能供应相应产品。不等式约束式（4-17）保证启用的配送中心才能作为转运中心。

（三）蒙特卡洛模拟相关理论

1. 蒙特卡洛方法的基本原理

蒙特卡罗（Monte Carlo）方法，又称随机抽样或统计试验方法，属于计算数学的一个分支，它是在 20 世纪 40 年代中期为了适应当时原子能事业的发展而发展起来的。传统的经验方法由于不能逼近真实的物理过程，很难得到满意的结果，而蒙特卡罗方法由于能够真实地模拟实际物理过程，故解决问题与实际非常符合，可以得到很圆满的结果。蒙特卡罗方法以概率和统计理论方法为基础，可使用随机数（或更常见的伪随机数）来解决很多计算问题，可将所求解的问题同一定的概率模型相联系，用计算机实现统计模拟或抽样，以获得问题的近似解。这也是本书采用该方法进行油田未来井口数量与位置不确定性条件下进行预测的原因。

当所要求解的问题是某种事件出现的概率，或者是某个随机变量的期望值时，它们可以通过某种试验的方法得到这种事件出现的频率，或者这个随机变数的平均值，并用它们作为问题的解。这就是蒙特卡罗方法的基本思想。蒙特卡罗方法通过抓住事物运动的几何数量和几何特征，利用数学方法来加以模拟，即进行一种数字模拟实验。它是以一个概率模型为基础，按照这个模型所描绘的过程，通过模拟实验的结果，作为问题的近似解。可以把蒙特卡罗解题归结为三个主要步骤：构造或描述概率过程；实现从已知概率分布抽样；建立各种估计量。

2. 蒙特卡洛方法的建模步骤

（1）构造和描述概率过程。对于本身就具有随机性质的问题，如粒子运输问题，主要是正确描述和模拟这个概率过程。对于本来不是随机性质的确定性问题，如计算定积分，就必须事先构造一个人为的概率过程，它的某些参量正好是所要求问题的解。即要将不具有随机性质的问题转化为随机性质的问题。

（2）实现从已知概率分布抽样。构造了概率模型以后，由于各种概率模型都可以看作是由各种各样的概率分布构成的，因此产生已知概率分布的随机变量（或随机向量）就成为实现蒙特卡罗方法模拟实验的基本手段，这也是蒙特卡罗方法被称为随机抽样的原因。最简单、最基本、最重要的一个概率分布是（0，1）上的均匀分布（或称矩形分布）。随机数就是具有这种均匀分布的随机变量。随机数序列就是具有这种分布的总体的一个简单子样，也就是一个具有这种分布的相互独立的随机变数序列。产生随机数的问题，就是这个分布的抽样问题。在计算机上可以用物理方法产生随机数，但价格昂贵，不能重复，使用不便。另一种方法是用数学递推公式产生，但这样产生的序列，与真正的随机数序列不同，所以称为伪随机数或伪随机数序列。不过经过多种统计检验表明，它与真正的随机数或随机数序列具有相近的性质，因此可把它作为真正的随机数来使用。已知分布随机抽样有各种方法，与从（0，1）上均匀分布抽样不同，这些方法都是借助随机序列来实现的，也就是说，都是以产生随机数为前提的。由此可见，随机数是实现蒙特卡罗模拟的基本工具。

（3）建立各种估计量。一般来说，构造了概率模型并能从中抽样后，即实现模拟实验后，就要确定一个随机变量，作为所要求的问题的解，我们称它为无偏估计。建立各种估计量相当于对模拟实验的结果进行考察和登记，从中得到问题的解。

（4）随机数和伪随机数。蒙特卡洛方法是依据计算机产生随机数做统计抽样实验的一种手段，因此，在此方法处理问题的过程中，随机数起着不可估量的作用。采用蒙特卡洛方法做模拟实验时，首先，需要产生服从各种概率分布的随机变量，在各种各样分布的随机变量中，较常见的随机变量就是服从区间均匀分布的随机变量，因为它易于操作，为了方便，通常把服从区间均匀分布的随机变量的抽样值称为随机数，其他分布随机变量的抽样都是借助随机数来实现的。

均匀随机数的生成有两个方法：一是物理方法，即使用物理现象产生完全随机的数，如掷骰子，用电子选装轮以随机脉冲产生随数表等，但这种方法有个较大的漏洞，不能保存随机过程以供信息核对而且某些实验的费用较昂贵；二是数学方法，即通过迭代公式执行的数学过程产生一系列的数，如线性同余法，组合同余法等，依赖计算机具有易实现且省时的效果，现阶段大多采用此类方法。所以，通常称随机数为随机模拟实验的基础零件。随着计算机的快速发展，在日常的蒙特卡洛方法仿真实验模拟中，随机数都是利用数学方法依据已知的递推公式叠加应用求得的，内存占用少是这种随机数的一大特征，而且速度快，易于重复，迫过计算机的限制没有受到影响，然而，从严格的数学意义上来说，这种陥机数并非真正的完全随机数，一旦被赋予初始值，随机数列也就随之确定且带有固定周期，不属于纯粹意义上的随机数，因此，采用此种方法生成的随机数通常被叫作伪随机数，然而，只要这些伪随机数序列在实际模拟实验中，实验的数量不超过随机数的周期值时，可以通过每一个严格意义下的统计检验，还是仍然有理由把它当作"真正"的随机数使用。

（5）随机变量的抽样。运用蒙特卡洛计算方法，需要有服从已知的特定概率分布、且可得的、随机选取的数值序列。在现实世界中，概率分布的形式是多种多样的，其中较常见的分布大体上可以分为两类：一是离散型分布，二是连续型分布。

假设随机事件式出现的概率为 p_i（$i=1$，2，$\cdots$，n），为了抽样先构成累积概率 $p^{(0)}=0$，$p^{(l)}=\sum_{i=1}^{l}p_i$，$l=1$，$2\cdots$，$n$ 产生随机数 r，如条件 $p^{i-1}<r\leqslant p^{(i)}$，$i=1$，$2$，$\cdots$，$n$ 满足，则认为事件会发生。从离散分布随机变量中抽样与从随机事件中抽样基本上相同。

总而言之，因为实际问题中随机变量可能服从各种各样、种类繁多的分布，因而与之对应的抽样可能也是千差万别的，但是，无论对于哪一种抽样，随机数一旦生成，我们总可以通过结合合适的数学方法，通过恰当的手段对随机变量进行服从现有分布的抽样。

3. 蒙特卡洛方法的特点

蒙特卡洛方法局限于误差和收敛性，相较于一般的数学计算方法，具有它自身独特的优点和特色，但同时也有自身难以克服的缺点和限制性。

（1）蒙特卡洛方法直观易懂。蒙特卡洛方法解析问题是结合问题本身的实际物理特性构建概率模型进行物理实验的一个过程，具备可以生动地描述事物的随机性的特点。换一种说法就是，在某种程度上、在某些特定的情况下，结合问题的实际物理性质，可以通过蒙特卡洛方法构建与原实验相适应的模型，从而获取物理实验不可想象的收获，甚至也可以解决数学公式无法解决的问题。在处理实际问题时，蒙特卡洛方法着手于问题的本身，无须构建数值方程或复杂的数学表达式，而是直接建立模型，这就保证了它直观形象、简单易行的特点。例如，经过多次反复的随机性实验求解复杂的积分问题，简单易懂且方便省时，省略了大量的复杂计算。

（2）受几何条件限制小。蒙特卡洛方法具有广泛的适应性。最明显的特征就是在解决问题时，条件限制的影响微乎其微，如在计算任意维度空间中的任一区域上的多重积分时，不管是多么不同寻常的积分区域的形状，只要给出了积分面积条件的一些几何特质，就可以采用蒙特卡洛方法通过计算机在积分区域内产生大量服从均匀分布的点，然后分析计算实验结果就可以得到积分的近似值。当积分区域十分不规则或者较为复杂，且数值方法甚至难以计算时，蒙特卡洛方法就显得尤为突出。而且，在处理某些较繁乱，不适宜建立方程或者使用通常的数值方法很难计算的随机性问题时，使用蒙特卡洛方法进行模拟计算，问题的关键环节即可迎刃而解。

（3）概率收敛与问题维数无关。在进行蒙特卡洛方法实验时，抽样的数量和维数并无关联，维数变大并不改变问题原有的误差，只会引起计算量的变大，基于这个优势，在解决高维问题时相较于通常的数值方式，蒙特卡洛方法就显得更可取和适用。而且，就一般数值计算方法而言，计算时间随维数的幂次方而增加，计算结果和真实值之间的误差也很难计算，然而根据蒙特卡洛方法的误差公式，误差可用随机变量的标准差或方差来度量，与此同时，在整个求解计算过程中就能够把误差求解出来，即使对于很复杂的计算问题，也是很容易确定的，而且不存在有效位数损失的问题。

（4）可同时处理类似问题。针对有些问题，有时需要求解许多方案，如果采用常见的方法逐个求解，就会显得很复杂烦琐，但如果采用蒙特卡洛方法，能够同时求解全部的方案，而且求解单个方案的量和同时求解所有的量相差无几。例如，对于屏蔽层为均匀介质的平均几何要计算若干种厚度的穿透概率时，只需计算最厚的一种情况，其他厚度的穿透概率在计算最厚的一种情况时稍加处理便可同时得到。同样地，蒙特卡洛方法不仅具备同时处理类似问题的能力，还具备同时求解相似量的解的能力。例如，在物理实验过程中不同区域的通量等由同一实验便能获得，而不像常规方法那样，需要一步步求解所有的量。

蒙特卡洛方法在 20 世纪早期就已经被提出，但由于实现困难，没有得到广泛的应用，直到电子科学技术的急剧进步，才得以广泛的应用。凭借高新快速的计算机，简单、快速是其方法突出的两大特征，但对于传统的蒙特卡洛方法，由于自身的一些特性，仍存在一些不足之处。如上所述，蒙特卡洛方法的收敛速度是，较高精度的近似结果通常情况下很难获得，与其他方法相比，在解决处理较低维数的实际状况时，效果可能不好，收敛速度较慢；而且因为蒙特卡洛方法的误差是在一定置信水平下估计的，和常见的计算数值误差不同，误差会随着置信水平的不同而不同，具有随机性，通常为了得到具有一定精确度的近似解，蒙特卡洛方法需要大量的实验，且实验重复率较高，这就增加了很大的计算量，同时降低了计算机的工作效率。

三、油田企业中不确定性井位模拟

油田企业仓储选址是一个中长期的决策，属企业的战略决策层面。该决策需要具有较强的前瞻性；在进行仓储选址时，大量油井的实际位置尚未确定，仍处于勘探、钻井或试油等不同阶段，而企业普遍期望所建立的仓储设施不仅可以满足当前油田井口分布条件下企业生产经营的需要，而且还可以满足随着勘探开发工作的不断进展而新建立的油田井口分布条件下的物资供应需要。也就是说，在仓储选址过程中，企业需要在满足油田企业当前生产经营需要的前提下，努力提高仓储设施在企业将来生产经营过程中的经济性和服务性，延长仓储设施的服务期。因而，本书从油田工作的实际需要出发，在仓储设施选址前，采用蒙特卡罗随机预测的方法根据油田企业的生产计划预测油井的合理数量和位置，结合油井位置、数量得到各个井口所需的物资数量，继而根据预估的油田位置建立选址模型并求解选址方案，为大多数油田特别是新开发油田的仓储选址提供新的解决思路。

为了更好地说明不确定性井口数量和位置的模拟过程，本章采用中石化下属某油田的数据为例，详细阐述蒙特卡罗随机预测方法在该问题上的应用。本章首先对油区坐标进行量化处理；然后根据从该油田在 2013～2017 年的五年规划中得到的井口数量，通过蒙特卡罗随机模拟方法预估出这些井位的合理位置，并得到井位的物资需求量；同时为了保障仓储设施候选点在选择过程中的公平性和合理性，采用重心法模型进行选址，并且把重心法模型的最优点作为最终候选的参考点，按照此方法对该油田数据分析后，共得到 7 个仓储设施候选点。

（一）油区坐标量化

图 4－2 是该油田企业所辖油田的坐标量化图。

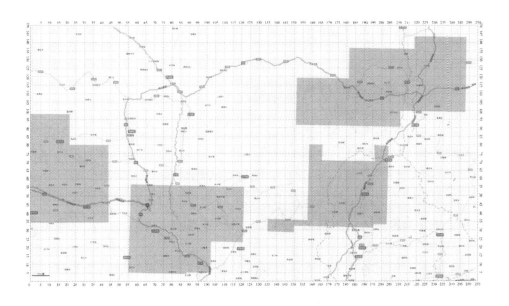

图 4－2　油区坐标量化图

图4-2中分布着镇泾区块、彬—长区块、旬邑—宜君区块以及富县区块，为了方便井位模拟，需要对油区坐标进行量化，本书是以1千米为单位将油区图划分成相应方格。

（二）油井数量的确定

在油田钻井工艺流程中，先由勘探部门计划好油井数量，并报给上级部门进行审批，审批完成后，由钻井队进行钻井施工。为了方便测算，我们将该油田在2015~2017年各个油区的三年探井数量的平均值作为各个油区的年度探井数，具体数值如表4-1所示。

表4-1 2015~2017年鄂南各油区计划钻井数 单位：口

序号	油田	项目	2015年	2016年	2017年	三年平均值
1	镇泾	探井	30	25	25	27
2	彬—长	探井	39	48	45	44
3	旬邑—宜君	探井	40	44	40	41
4	富县	探井	35	34	32	34

（三）不确定性井位的随机模拟

油田的仓储设施选址决策是一个中长期的决策，在进行决策时有很多尚未勘探的油区，所以很难确定具体的井位，因此在该类决策中，大量井位具有不确定性的特点。本书为了更加真实地模拟出钻井井位的具体位置，采用蒙特卡罗随机模拟的方法生成未知井位的位置。该方法在不确定决策中具有重要作用，大数定律和中心极限定理为该方法提供了严密的理论支撑。

根据前文得到的该油田中各个油区的探井数量，采用蒙特卡罗随机预测方法模拟出各个油区油井的具体位置。详细步骤如下：

步骤1：对地图和油田区域进行坐标量化处理，量化的结果如图4-3所示，坐标量化时按照图上1个单位相当于实际距离1千米的比例进行。

步骤 2：随机生成一对横、纵坐标（x，y）。

步骤 3：判断这个点是否在某个油区内，如果是，则执行步骤 4，否则舍弃该点，执行步骤 2。

步骤 4：判断该油区的井数是否达到该油区的上限（三年平均钻井数），如果达到则舍去该点，执行步骤 2；否则将（z，y）计入该油区，该油区的井位数加 1，执行步骤 5。

步骤 5：判断各个油区的井位数是否全部达到上限（三年平均钻井数），如果是，则执行步骤 6；否则执行步骤 2 至步骤 4。

步骤 6：统计各个乡镇井位的数目，绘图，算法终止。

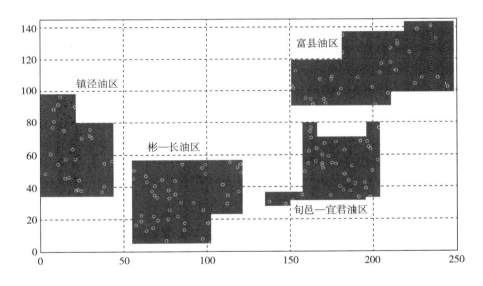

图 4 - 3　井位模拟结果

图 4 - 3 给出了该油田所辖油区内在未来 5 年中未知井口位置的模拟结果，其中黑色部分代表了该油田所辖的 4 个油区，白色的小圆圈代表未知井位的具体位置，根据图 4 - 3 给出的未知井位模拟结果，结合实际的地图可以统计出各个井位所处的具体位置（注：这里的具体位置标记为乡镇），进而得到了各个乡镇内的探井数量。

（四）物资需求量的确定

2012 年该油田所辖油区内所钻油井以水平井为主，约占总井口数量的 80%，本书在进行油井物资数量测算时按水平井进行。下面对该油田在 2012 年新钻 25 口水平井发放物资量进行了平均测算，如表 4 - 2 所示。

表 4 - 2　油井钻井平均所需物资量　　　　　　　单位：吨

序号	物资名称	所需数量
1	套管 \ Φ273 × 8.89 – J55 STC	22.8
2	套管 \ Φ177.8 × 8.05 – N80 LTC	83.3
3	套管头 \ 10 3/4" ×7" –35MPa	1.0
4	普通油管 \ 73 × 5.51 \ N80E	22.9
5	坂土 \ NV – 1	25.6
6	纯碱 \ Na_2CO_3	2.2
7	烧碱 \ NaOH	3.0
8	大钾 \ K – PAM	6.6
9	小钾 \ K – PAN	5.9
10	铵盐 \ NH_4 – HPAN	8.4
11	低黏 \ CMC	8.7
12	高黏 \ CMC	3.5
13	防塌剂	9.3
14	润滑剂	3.7
15	重晶石	13.5
17	游梁式抽油机	3
18	野营房（4 人间）	8
19	水套炉	1
20	储油罐（30 立方米）	30
21	30 千瓦柴油发电机组	1

通过上述测算，可以将物资分为两大类：即油套管和其他类（其他类指这 21 种物资中除油套管外的物资）。其中管材类物资重量为 130 吨，其

他类物资为133.4吨。结合各个油区的井位可以统计得出各个乡镇（模拟井口所在位置）所需要物资的数量，具体数值如表4-3所示。

表4-3 各个乡镇的模拟井口数分布和物资量

油区	乡镇	横坐标	纵坐标	井数（口）	物资重量（吨）
镇泾	镇原县内	16	83	1	263.4
镇泾	平泉镇	2	76	1	263.4
镇泾	南川乡	15	76	1	263.4
镇泾	屯字镇	32	71	1	263.4
镇泾	中原乡	7	65	2	526.8
镇泾	曙光乡	28	67	1	263.4
镇泾	索罗乡	11	56	1	263.4
镇泾	白水镇	0	55	1	263.4
镇泾	玉都镇	26	57	1	263.4
镇泾	合道村	25	52	1	263.4
镇泾	红河乡	43	56	1	263.4
镇泾	丰台乡	37	54	1	263.4
镇泾	党原乡	18	57	1	263.4
镇泾	王村镇	17	47	2	526.8
镇泾	罗汉洞乡	43	46	1	263.4
镇泾	太平乡	34	37	1	263.4
镇泾	泾川县内	31	44	1	263.4
镇泾	柏树乡	13	45	1	263.4
镇泾	崇信县内	0	40	1	263.4
镇泾	木林乡	11	35	1	263.4
镇泾	花所乡	5	52	1	263.4
镇泾	汭丰乡	20	41	2	526.8
镇泾	上肖乡	44	62	1	263.4
镇泾	开边镇	3	92	1	263.4
彬—长	和盛镇	67	56	1	263.4

续表

油区	乡镇	横坐标	纵坐标	井数（口）	物资重量（吨）
彬—长	太昌乡	68	51	1	263.4
彬—长	新开乡	57	8	1	263.4
彬—长	地掌乡	70	33	1	263.4
彬—长	相公镇	81	31	1	263.4
彬—长	冉店乡	80	23	1	263.4
彬—长	巨家镇（路家乡）	77	15	1	263.4
彬—长	亭口乡	83	18	1	263.4
彬—长	车家庄乡	80	6	1	263.4
彬—长	早胜镇	89	52	1	263.4
彬—长	中村乡	87	47	1	263.4
彬—长	周家乡	93	40	1	263.4
彬—长	西坡乡	95	31	1	263.4
彬—长	北极镇	91	27	1	263.4
彬—长	义门镇	89	22	1	263.4
彬—长	良平乡	98	56	1	263.4
彬—长	宫河镇	98	43	1	263.4
彬—长	永乐镇	99	34	1	263.4
彬—长	小章镇	98	19	1	263.4
彬—长	新堡子乡	98	5	1	263.4
彬—长	榆林子镇	108	49	2	526.8
彬—长	底庙镇	106	37	1	263.4
彬—长	永正乡	113	54	1	263.4
彬—长	永和镇（永和乡）	118	42	1	263.4
彬—长	湫坡头镇	117	34	1	263.4
彬—长	显胜乡	60	55	1	263.4
彬—长	长庆桥镇	66	43	1	263.4
彬—长	窑店镇	60	38	1	263.4
彬—长	洪家镇	63	32	1	263.4
彬—长	新庄镇	74	45	1	263.4

油区	乡镇	横坐标	纵坐标	井数（口）	物资重量（吨）
彬—长	泾明乡	55	47	1	263.4
彬—长	芋元乡	85	33	1	263.4
彬—长	彭公乡	77	33	1	263.4
彬—长	丁家镇	65	28	1	263.4
彬—长	昭仁镇	70	29	1	263.4
彬—长	独店镇	56	20	1	263.4
彬—长	枣元乡	65	20	1	263.4
彬—长	邵寨镇	74	6	1	253.4
彬—长	平子镇	106	57	1	263.4
彬—长	太村镇	114	26	1	263.4
彬—长	新民镇	102	20	1	263.4
彬—长	城关镇	96	10	1	263.4
彬—长	炭店乡	104	12	1	263.4
旬邑—宜君	马栏镇	146	35	6	780
旬邑—宜君	玉华镇	173	40	5	650
旬邑—宜君	太安镇	177	45	6	780
旬邑—宜君	哭泉乡	187	40	6	780
旬邑—宜君	棋盘镇	197	40	6	780
旬邑—宜君	山岔乡	187	64	6	780
旬邑—宜君	腰坪镇	175	65	6	780
富县	吉子现乡	207	99	2	260
富县	旧县镇	233	103	1	130
富县	张村驿镇	193	106	2	250
富县	阳泉镇	204	111	2	250
富县	钳二乡	203	117	1	130
富县	北道德乡	194	116	2	260
富县	直罗镇	180	114	2	260
富县	岔口乡	210	125	2	260
富县	交道镇	222	115	2	260
富县	牛武镇	226	126	2	260

续表

油区	乡镇	横坐标	纵坐标	井数（口）	物资重量（吨）
富县	道镇	213	133	1	130
富县	南道德乡	200	91	2	260
富县	寺山镇	191	97	2	260
富县	富成镇	215	115	1	130
富县	洛阳乡	211	105	2	260
富县	茶坊镇	216	117	1	130
富县	菩提乡	230	117	2	260
富县	洪福梁乡	237	105	2	260
富县	盘山镇	243	100	1	130
富县	小李庄乡	247	104	2	260

四、两级连续仓储选址模型的建立

在得到油井的位置和物资需求量后就可以开始进行油田仓储设施选址了。一般地，仓库选址模型可以分为连续型选址和离散型选址：连续型选址是指在选址优化时，平面中的任何一个位置都可能是一个潜在的候选点，其选址决策变量是一个连续变量；离散型选址是指在给定的若干候选点中选出最好的点，其决策变量是离散变量。而在离散型选址研究中，通常需要事先人为得到若干候选点，其中不免有较强的主观性，而候选点的好坏直接影响了选址结果合理性。尽管连续型选址的最终结果不能直接作为最终的选址方案（因为连续选址的最优点可能出现在山川、河流、闹市区等位置），但其结果在作为离散选址候选点上仍然具有重要的参考价值。

本书建立了一个两级连续仓储选址模型（Two – Lever Continuous Location Problem，TLCLP）来解决上述问题。

（一）TLCLP 模型的建立

本书所涉及的仓储选址问题是一个典型的多级选址问题，和普通的多级选址问题所不同的是，之前的多级选址模型中大多是考虑离散选址模型，即给定了若干个备选点、需求点的位置与需求量等，得到最终启用的候选点、候选点与需求点的分配关系，而本书考虑的是一个连续的多级选址问题。本部分涉及的具体假设条件和约束有：

（1）需在东部工区和西部工区选择两个仓库，分别记为 A 和 B。

（2）A 仓库的物资包括两个大类（油、套管，油、套管以外的其他物资），B 仓库存放的只有油套管以外的其他物资。

（3）物资的分配方式是：A 仓库直接供给西部工区油套管和其他物资，A 仓库也供给西部工区油套管，但具体是先通过 A 运输到二级库 B，再由二级库 B 运输到各个井口；B 仓库可以直接供给各个井口其他物资。

假设在本问题中，仓库 A 负责直接配送的需求点的坐标为 (a_i, b_i)，仓库 B 直接负责配送的需求点的位置坐标为 (c_j, d_j)，选址的最优位置 A 和 B 分别记为 (x_1, y_1)，(x_2, y_2)，则目标函数记为：

$$\min f(x) = \sum_{i=1}^{m} k w_i \sqrt{(x_1 - a_i)^2 + (y_1 - b_i)^2} + k w \sqrt{(x_1 - x_2)^2 + (y_1 - y_2)^2} +$$

$$\sum_{j=1}^{N} k w_j \sqrt{(x_2 - c_j)^2 + (y_2 - d_j)^2} \tag{4-20}$$

$$x_{oi} \leqslant x_i \leqslant x_{ci} \tag{4-21}$$

$$y_{io} \leqslant y_i \leqslant y_{ci} \tag{4-22}$$

式（4-20）表示总的运输费用之和，主要包括三个部分，即 A 仓库直接到需求点的运输费用，A 仓库到 B 仓库产生的运输费用，B 仓库到需求点产生的运输费用。约束条件式（4-2）和式（4-3）表示两个仓库的位置在规定的区域内：即 A 仓库必须在西部工区，B 仓库必须在东部工区。

上述模型是一个典型的非线性规划模型，对于非线性规划问题的求解，目前还没有一种适合各种问题形式的一般性求解算法。现有的各个算法都有特定的适用范围，带有一定的局限性。求解带约束条件的非线性问题的常见方法是将约束问题化为无约束问题，将非线性规划问题化为线性规划问题，以及将复杂问题化为较简单的问题的其他方法。

（二）非线性规划问题简介

非线性规划的一般（标准）形式：

$$\min f(x) \tag{4-23}$$

式中，变量需满足：

$$s.t \begin{cases} g_i(x) \leqslant 0, \ i=1, \ 2, \ \cdots, \ m \\ h_j(x) = 0, \ j=1, \ 2, \ \cdots, \ r \end{cases} \tag{4-24}$$

其中，x 为 n 维欧式空间 R^n 的向量，称为决策向量；$f(x)$ 为目标函数。$g_i(x)$、$h_j(x)$ 称为约束条件；$g_i(x)$、$h_j(x)$、$f(x)$ 中至少有一个是关于决策变量的非线性函数关系式。同理，决策变量、目标函数、约束条件构成了非线性规划问题的三个要素。

通常，非线性规划是指非线性约束优化，但只要目标函数是非线性的，也可以讨论无约束优化问题（郭均鹏和吴育华，2003）。

非线性规划还没有通用的求解方法，一般来说可以从两个角度建立求解算法：其一，精确算法，如梯度下降法、高斯迭代法、库恩—塔克条件法等方法，这些方法有较强的局部搜索能力；其二，智能算法，包括遗传算法（GA）、蚁群算法（ACO）、粒子群算法（PSO）等，这些算法本质上属于随机搜索算法，有较强的全局搜索能力。

本节将该问题分别采用精确算法、遗传算法、遗传算法与精确算法的融合算法进行求解，并比较算法的优劣性。

（三）求解算法的设计

1. 精确算法

对于精确算法，选择采用 Lingo 内置的算法（一般是迭代法）进行全局搜索。

迭代法的主要原理如下：

迭代法的一般形式是将 $Ax = b$ 改写成 $x = Hx + g$，H 为 $R^{r \times n}$ 矩阵 $g \in R^{n}$ 向量 $x^{(0)} \in R^{n}$ 定义向量序列；$x^{(k+1)} \geq x^{(k)} + \lambda_{k} p^{(k)}$，$\{x^{r}\}$ 为迭代序列。

向量总是由方向和长度确定，即向量 $x^{(k+1)}$ 总可以写成：

$$x^{(k+1)} \geq x^{(k)} + \lambda_{k} p^{(k)} \quad (k = 1, 2, \cdots)$$

其中，$p^{(k)}$ 为一个向量，λ_{k} 为一个实数，称为步长，即 $x^{(k+1)}$ 可由 λ_{k} 及 $p^{(k)}$ 唯一确定（倪金林，2005）。

2. 遗传算法

TLCLP 模型是一个较为复杂的非线性规划问题，可采用传统的精确算法进行求解，很难找到全局最优解，之所以选择遗传算法，主要是因为遗传算法整数编码简单、全局搜索能力强、扩展性强，另外采用遗传算法求解非线性规划时无须对目标函数求导（韦凌云等，2006；朱会霞等，2013）。

遗传算法为求解非线性规划提供了通用的框架，使得它不依赖于问题的任何领域，遗传算法的优点是将问题参数编码成染色体后进行优化，而不是针对参数本身，不受函数约束条件的限制；搜索过程从问题的一个集合开始，而不是单个个体，具有隐含并行搜索的特征，可大大减小局部收敛的可能性。而且优化时不依赖梯度信息，且不要求函数满足连续可导等数学性质，适用于求解大规模的非线性规划或非线性组合优化等难解问题。该算法在本书中涉及的具体内容简介如下：

（1）染色体的编码。一般应满足非冗余性、健全性及完备性三个原则。由于实数编码不必进行数值转换，可以直接在解的表现型上进行遗传操作，因此本章问题采用实数编码的方式，该方法解码简单，易于实现。

染色体由 4 个浮点数排列组成，即 $g = (x_{1}, y_{2}, x_{2}, y_{2})$，其中 $i = 1, 2$，$x_{oi} \leq x_{i} \leq x_{ci}$，$y_{oi} \leq y_{i} \leq y_{ci}$，$(X_{i}, Y_{i})$ 表示第 m 个设施的位置坐标，一个染色体包含 m 个地址就是设施选址的一个方案，即 2 个设施的坐标，最优染色体表示最优的选址方案。

（2）模型中约束条件的处理。在使用遗传算法来求解带约束的规划问题时，一定要对解决的约束条件进行适当的处理，到目前为止，常用的处理约束条件方法有：拉格朗日松弛分解法、惩罚函数法和可行解变换法等方法。当任何一条染色体违反了式（4-21）和式（4-22）中的任何一个约束条件时，目标函数应加上一个足够大的值 M；否则目标函数保持不变。通过降低适应度函数的值来大大降低遗传到下一代的概率。

（3）适应度函数。这是区分群体中个体好坏的标准，是进行自然选择的唯一依据，一般由目标函数加以变换得到。在本章模型求最小值，因此在设计遗传算法时，适应度函数可以取目标函数的倒数。当染色体违反模型中任何一个约束条件时，目标函数加上一个足够大的值 M；否则目标函数保持不变。这样在不断迭代过程中，通过降低适应度函数的值来大大降低违反约束条件的个体及其遗传到下一代的概率，从而不断提高种群中可行解的个数。

适应度计算的公式为：

$$F[f(x)] = \frac{1}{f(x)} = \sum_{i=1}^{m} kw_i \sqrt{(x_1 - a_i)^2 + (y_1 - b_i)^2} +$$

$$kw \sqrt{(x_1 - x_2)^2 + (y_1 - y_2)^2} +$$

$$\sum_{j=1}^{N} kw_j \sqrt{(x_2 - c_j)^2 + (y_2 - d_j)^2} \qquad (4-25)$$

（4）遗传算子的设计。

1）选择操作。使用精英保留策略和轮盘赌方法两种方法，适应度最高的若干个个体不参与交叉变异等操作，直接保留到下一代；而其他个体则通过轮盘赌的方法被选出。适应度最高的个体很可能不是全局最优解，但极有可能暗含着全局最优解的信息，因此精英保留策略有利于算法的快速收敛。

2）交叉操作。从种群中随机选择两个个体，通过两个染色体的交换组合，把父串的优秀特征遗传给子串，产生新的优秀个体。由于个体采用实数编码，所以采用实数交叉法，第 k 个染色体 g_k 和第 l 个染色体 g_l 在第

j 位的交叉操作为：

$$g_{kj} = g_{kj}(1-b) + g_{lj}b$$
$$g_{lj} = g_{ij}(1-b) + g_{kj}b \qquad (4-26)$$

式中，b 是 ［0，1］ 区间的随机数。交叉时根据前文中判断两个子代染色体和父代染色体的优劣性，从中选出最优者作为最终的染色体进入新的群体。交叉所产生的子染色体有可能超过了边界条件，此时若产生了不符合条件的子染色体，可以看作交叉失败，应舍弃该染色体。

3）变异操作。第 i 个染色体的第 j 个基因位 g_{ij} 进行变异的操作方法为：

$$g_{ij} = \begin{cases} g_{ij} + (g_{ij} - g_{max})f(gen), & r \geqslant 0.5 \\ g_{ij} + (g_{ij} - g_{max})f(gen), & r < 0.5 \end{cases} \qquad (4-27)$$

式中，a_{max} 是基因位 a_{ij} 的上界；a_{min} 是基因位 a_{ij} 的下界；$f(g) = r_2\left(1 - \dfrac{r_2}{G_{max}}\right)$，$r_2$ 是一个随机数，gen 是当前迭代次数，G_{max} 是最大进化次数，r 为 ［0，1］ 区间的随机数。

（5）算法的具体操作流程。结合上面提到的操作步骤，设计出本章的算法流程如图 4-4 所示。

以上述中石化下属某油田的数据为例，根据上述的遗传算法流程，通过适当的选择、交叉和变异算子，当种群设定为 200 时，得到的最优目标函数为 293.02 万元。最优解为 （103.6，48.1）；（169、64.8）。

3. 改进的遗传算法

经典的非线性规划算法大多使用梯度下降的算法进行求解，局部搜索能力较强，但是全局搜索能力较弱，遗传算法采用选择、交叉和变异等算子进行搜索，使全局搜索能力大大增强，但是局部搜索能力较弱，一般只能得到问题的次优解而不是最优解。在本求解模型中，综合了两种算法的优点，一方面采用遗传算法进行全局搜索，另一方面采用非线性规划算法进行局部搜索，以得到问题的最优解。

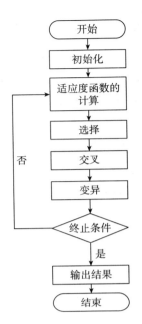

图4-4　遗传算法求解 TLCLP 模型的算法流程

这里选择 Matlab 中内嵌的 Fmincon 函数进行非线性优化局部搜索，把局部最优解作为新的个体继续进化。具体的步骤是每进行 N 次迭代后进行一次非线性局部搜索。具体的算法流程如图4-5所示。

（四）算法参数设置和优化结果

该算法涉及的数据源于表4-3，计算结果如表4-4所示。

根据上面提到的方法，对于精确算法采用 Lingo 软件直接进行全局优化。

上述遗传算法涉及的参数设定如下：

迭代次数为50次；

种群大小为100；

交叉概率为0.6；

变异概率为0.01；

算法最终在第10代左右收敛。

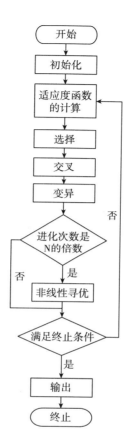

图 4 – 5　改进的遗传算法求解 TLCLP 模型流程

改进的遗传算法涉及的参数设定如下：

迭代次数为 50 次；

种群大小为 100；

交叉概率为 0.6；

变异概率为 0.01；

每隔 10 代采用 Fminco 函数进行一次局部优化；

算法最终的第十代左右收敛。

表 4 – 4   TLCLP 模型的求解结果

求解方法	最优选址方案	目标函数	时间
精确算法	A (93, 42); B (170, 61)	243.83 万元	30 分钟
遗传算法	A (84, 48); B (180, 67)	247.01 万元	30 秒
改进的遗传算法	A (92, 41); B (174, 64)	244.01 万元	1 分钟 15 秒

很容易发现，精确算法求解的效率较低，需要较长的计算时间，而遗传算法可以在很短的时间内得到近似解，改进的遗传算法在时间允许的范围内能够得到更为精确的解。

（五）候选仓库的确定

同样以该油田实际数据为例，通过前面的计算结果，发现 A（93，42）；B（170，61）为最优解。但这两个解不能直接作为最终的仓储选址方案，主要原因是这两个点可能处于山川、河流之上。因此需要结合油田企业的实际需要进行实地的考察和经济、社会效益评价。

通过实地考察发现，在 B 点附近存在着一个可以直接租赁的金锁关仓库；而点 A（93，42）作为一个参考点，以该点为圆心，30 千米为半径画圆（见图 4 – 6），该圆所覆盖的区域为较优的区域，因为该区域中已出现足够多满足企业基本要求的候选仓储位置。从这些候选位置中，我们选择了长庆桥、宁县、正宁县、旬邑、彬县、长武候选点，另外由于泾川仓库已经存在，也将其纳入其中，作为候选点，从而得到 7 个候选点。需要说明的是，本书将最小配送单位统一设定为乡镇（县表示县政府所在乡镇）。

因此，针对该油田的实际数据最终得到的仓储候选点有长庆桥、宁县、正宁县、旬邑、彬县、长武和泾川 7 个候选点。后面的工作主要是对这 7 个候选点进行经济效益和社会效益等全面的评价，并最终给出合适的待建仓库设施的位置。

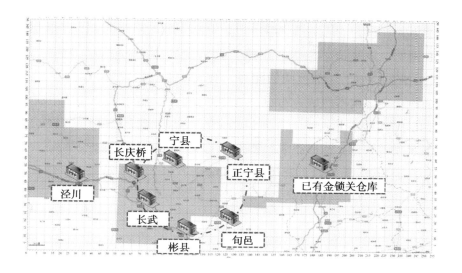

图 4 – 6　候选仓库

五、本章小结

油田企业仓储选址问题是一个中长期决策，在进行仓储选址时，大量油井位置尚未确定（需求点未定）。因此，为了保障仓储设施选址的合理性，本章首先结合油田企业的生产计划，通过蒙特卡罗随机模拟方法在对应油区内模拟产生合理的井口数量和位置，进而得到各油井所需物资数量。由于油田企业的仓储设施服务区域广，且选址受到自然、经济、社会等多种因素的影响，因而较难人为确定仓储候选点。为解决这一问题，建立一个二级连续选址模型，构建精确算法求出了其最优解。为提高大规模连续选址模型的求解效率，通过将 Matlab 软件中内嵌的 Fmincon 函数嵌入遗传算法中构建了改进遗传算法，该算法利用 Fmincon 函数对该问题进行局部搜索，把得到的局部最优解作为新的个体融入遗传算法的种群中参与进化。因此，该算法不但综合了遗传算法全局搜索的优点，同时也利用Fmincon 函数增加了局部搜索的能力，有效地提高了求解精度。其次，以求得的连续选址模型的解为圆心，通过逐步扩大半径长度（以每千米为步长）的形式在地图上画圆，直到该圆形区域内出现足够的仓储候选点为止。本章以中石化某油田企业仓储选址的实际问题为例进行了验证，当半径长度确定为 30 千米时，圆形区域内包含了 7 个仓储候选点。结论表明上述模型和算法确定的仓储位置符合企业的实际需求。

第五章
油田企业仓储选址综合评价

一、背景介绍

油田仓储选址涉及经济、社会、自然、政治和人文等多方面的因素影响，如何对满足企业需要的多个仓储候选点根据企业关心的指标数据进行排列，以便选出企业满意的最终仓储候选点对于企业仓储位置的合理确定有着重要意义。鉴于油田企业自身的特点，其选址过程也与一般的选址问题有着明显的不同，涉及的数据量大、种类繁多，这些特点大大增加了油田仓储选址评价的难度。

二、油田仓储选址的基本原则

对于大多数企业或者其他选址主体来说，选址通常属于一次性决策，即一旦做出决定，便难以再次更改，因此选址决策有着较为特殊的固定性。一般来说，企业或单位的各种经营因素都可以随着企业环境的改变而适时变动，但已经确定下来的具体选址却难以更改。作为油田物流系统的主要服务设施之一，在仓储选址时有必要遵循一定的选址原则才能够达到较好的选址预期。

（一）保障需求原则

油田企业仓储选址的根本目的是保证油田企业的正常生产经营活动，这也是优先级别最高的一项选址原则。

（二）最大服务范围原则

油田仓储选址要尽可能地保障更多的油田在生产经营过程中对物资的需求，因此，其选址的首要原则便是要使其能够服务的范围尽可能大，使所建仓储设施能够获得最大的使用效率。

（三）交通便利性原则

油田企业生产经营过程中所需要的物资种类多、数量大，通常需要借助大型的运输工具完成物资配送，因此，仓储位置周围的交通便利程度对物资配送效率的影响很大。在仓储选址时，要着重考虑周边铁路、水路、航空等交通的便利程度。

（四）供求平衡原则

根据经济学中的供求平衡理论，当某种产品的供给大于需求时会引起产品过剩，价格降低；而当供给小于需求时，则会产生供不应求从而使价格提升。这两种情况都是市场不平衡的表现。只有供给与需求相当，市场才会稳定。这对于油田仓储选址决策也具有一定的借鉴意义。在进行仓储选址方案决策时，应该分析备选区域当前的仓储能力供给与物资需求情况。如果目标区域已有仓储设施足以满足或者远远超过了潜在的需求，那么该备选方案就是不可行的，强行将仓储选址定在该区域，就会面临亏损运行的局面。反之，该备选点则是合理的仓储设置点。因此，供需平衡原则对于指导油田仓储选址决策意义重大。

由于仓库选址的好坏直接影响服务方式、服务质量、服务效率和服务成本等重要方面，从而影响企业利润和市场竞争力。因此，仓库选址问题的研究有着重大的经济和社会意义。在实际应用中，仓库选址问题受到多种因素影响，比较常见的影响因素包括自然因素、经济因素、交通因素和社会因素，在选址前需要综合考虑。

三、仓储选址评价指标设立原则

所谓评价，是指相关人员根据一定的评价目标并参照一定的标准与方法对评价对象的各种属性以及综合状况进行评估比较的一种决策过程。对油田仓储选址的评价也需要参照一定的标准进行，这个标准便是仓储选址评价的指标体系，该体系是按照一定的隶属关系，以层次结构展现出来的一个有序集合。评价指标体系的建立是选址评价过程中一项非常重要的工作，指标体系建立是否合理直接影响评价结果是否可以客观、准确地反映各个评价对象的真实情况及最终选址决策的科学与否。以下是评价指标体系设立过程中应该遵循的一般性原则：

（一）科学性原则

影响油田企业仓储选址的因素有很多，按照不同的分类标准可分成不同的类别，进而构建起各种不同的评价指标体系。科学性原则就是要求所确定的指标具有高度的合理性，能够准确地反映各种备选方案诸多方面的综合状况。

（二） 代表性和全面性原则

由于影响仓储选址的因素繁多，很难将所有影响因素都纳入最终的评价指标体系中，所以代表性原则就要求所选取的评价指标能够充分精炼地概括所有因素对仓储选址的影响作用；全面性原则是为了保证指标体系的科学性以及备选方案的客观性能够全面地得到体现。由于仓储设施的选址决策需要具有一定的前瞻性，以期为未来的一些新油区提供服务，所以代表性与全面性原则还要求保证所选指标体系能够反映不同方案未来的价值。只要这样，才能提高评价效率，减少评价误差，使评价结论更加符合实际。

（三） 目的性原则

任何评价方法与指标体系的选择都要服务于所要研究的问题，实现评价预期所要达到的目标。所以，在设定仓储选址评价指标体系时，应该达到全面反映各备选网点的综合情况和相对优劣状况及保证结果的准确性，为最终决策提供依据。

（四） 可比性原则

油田企业仓储选址评价是对多个不同的备选方案的综合状况进行对比，指标体系所涉及的各项内容都应该具备科学性，可以进行相互比较，并准确地反映各备选方案的实际情况。同时在评价过程中所使用的统计计算方法应尽可能一致，以便于不同备选方案之间的比较评判。

（五） 简洁性原则

简洁性原则是指在保证指标合理性的前提下，使得指标尽量简洁，即达到通过较少的指标全面反映实际问题，这就相应的要求在确定指标前掌握尽可能全面的信息。此外，指标的简洁性还要求不同指标之间不存在意义上的重复，即指标之间具有相互独立性。

四、仓储选址评价指标类型

通过采用不用的分类标准或划分角度，可将仓储选址评价指标分成不同的种类，比较常见的有以下三种（王杰荣，2013）：

（一）根据评价指标是否反映人的主观决策及感受

可以将评价指标分为客观指标和主观指标。客观指标是指不能反映人的主观决策和感受的指标，如仓储建设成本、物资需求量、交通便利程度等；其他的指标则可划分到主观指标类别内，如需求方的满意度等。

（二）根据指标是否能够量化处理

可以将评价指标分为定量指标和定性指标两类。定量指标是指能够用数值精确度量的指标，定性指标则是指在评价过程中那些外延较深，无法用数值进行度量的指标。与定量指标相比，定性指标因为内涵和外延的特殊性，使得其在精确度量及比较方面存在较大的困难。但是，由于定性指标所具有的这种特殊性，也使得其在实际的评价过程中，评价者可以将自己的已有经验充分融入评价过程中，从而将可以体现评价对象某些特征的潜在因素都融入评价过程中，使得最终的评价结论更符合实际情况。

（三）根据评价指标的取值与评价结果好坏之间的对应关系

可以将评价指标分为正指标、负指标和中性指标三种类型。正指标的指标值与评价结果呈同向变化；中性指标的指标取值大小与评价结果的好坏无关；负指标的指标值与评价结果呈反向变化。

本书综合考虑油田仓储选址评价过程的实际情况，采用上述第二种指标分类方法将各评价指标分为定性和定量两类指标。

五、油田仓储选址评价方法的选取

选址评价的方法种类繁多，但从总体上看大致可分为定性评价和定量评价两类方法。定性评价的方法包括分级评分法、模糊综合评判法和德尔菲法等；定量分析的方法有回归分析以及一些智能方法，如神经网络方法、遗传算法、多智能体系统等。上述这些定量方法主要是借助计算机等设备建立起数学模型进行辅助计算决策。分级评分法一般是由一组专家或者直接凭先前经验为一级评价指标分配权重，将方案在不同因素上的得分与之相乘累加得到方案的综合评价值。这种方法简单直观，但主观性过强，评价结果与实际情况的匹配程度低。回归分析方法基于时间序列数据通过建立回归模型将评价问题与相应的指标因素之间的关联关系用数学公式表达出来，克服了分级评分的主观性，但由于模型考虑的不确定性参数指标过少，尤其是难以纳入定性指标，而且因素之间的相互独立性难以保证，所以评价结果的可信性也较差。模糊综合评判法的应用领域相对较广泛，它通过引入模糊数学中的概念，将定性与定量分析结合在一起，综合考虑多种因素的影响，评价结果较为可靠，只是该方法中的数值计算均采用平均值，容易丢失有价值的信息。至于其他定量评价方法，或是因为计算过程复杂，或是因为对设备、人员的综合要求较高，多处于理论研究阶段，并未在实际中得到广泛的应用。

如前所述，油田企业仓储选址评价涉及的因素种类繁多，既有定性因素，也有定量因素，因此，在评价方法的选择上，应该优化选择可将定性与定量方法综合起来的选址评价方法，同时，还应该保证研究过程的系统性与完整性。

（一）层次分析法简介

层次分析法是可以将定量计算与定性分析结合起来的评价方法，具有实用性、可靠性且简单易掌握等优势，已经在多个领域的生产实践中得到了广泛的应用。最初是由美国运筹学家 Saaty 提出的一种实用的多方案或多目标的决策方法，通过模拟人的综合分析判断能力，来处理工作生活中涉及科技、经济、军事、社会等领域中的管理决策问题，是一种定性与定量相结合的分析方法，也是一种系统化和层次化的决策思维方式，适用于结构较为复杂、准则较多且不易量化的决策问题。其主要特征是合理地将定性与定量的决策结合起来，按照思维、心理的规律把决策过程层次化、数量化。过去，研究自然和社会现象主要有机理分析法和统计分析法两种，前者用经典的数学工具分析现象的因果关系，后者以随机数学为工具，通过大量的观察数据寻求统计规律。近年发展的系统分析又是一种方法，而层次分析法是系统分析的数学工具之一。1982 年 11 月召开的中美能源、资源和环境学术会议上，美国州立大学能源研究所所长 Cholamn-rzhad 教授向中国学者介绍了层次分析法在能源、资源和环境工程中的应用，引起了我国学术界对层次分析法的关注，就此开始进行深入系统的研究。层次分析法被引入国内，以其定性与定量相结合处理各种决策因素的特点，系统灵活简洁的优点迅速在我国社会经济各个领域，如能源系统分析、城市规划、经济管理、科研评价等方面得到了广泛的重视和应用。

由于层次分析法的思路清晰明确，能将决策者的经验判断和推理相联系并进行量化表示，提高了决策工作的效度和可行性，被广泛应用于综合考评、战略规划、目标分析、方案筛选等问题中。层次分析法的基本思想是先分解后综合，整理和综合人们的主观判断，使定性分析与定量分析有机结合，以实现定量化决策。层次分析法的基本思路是将一个复杂的决策系统视为整体，然后层层分解为若干层次目标和影响因素，通过构建比较判断矩阵的方式，利用定性指标模糊量化方法算出这些层次权向量的单排序和总排序，方便进行后续方案或行为决策的评价和选择。

（二）层次分析法步骤

将所要分析的问题层次化，根据问题的性质和要达到的总目标将问题分解成不同的组成因素，按照因素间的相互关系及隶属关系，将因素按不同层次聚集组合，形成一个多层次分析结果模型，最终归结为最低层（方案、措施、指标等）相对于最高层（总目标）相对重要程度的权值或相对优劣次序的问题。层次分析法的基本步骤如下：

首先，建立层次结构模型。在深入分析实际问题的基础上，将有关影响因素自上而下分解为目标层、准则层和方案层，下层影响上一级层次，同一层级内的各因素之间则基本独立。目标层即为决策的总体对象和应该达到的总目标；中间的准则层是对总目标有影响的因素进行分解，可有一个或几个层次，是实现目标的中间环节；最下面的方案层是对准则层 M 提出的具体方案措施将有关的各个因素按照不同的属性自上而下地分解成若干层次。在该层次结构模型中，同一层的诸因素从属于上一层的因素或对上层因素有影响，同时又支配下一层的因素或受到下层因素的作用。最上层为目标层，通常只有 1 个因素，最下层通常为方案或对象层，中间可以有一个或几个层次，通常为准则层或指标层。当准则过多时（多于 9 个）应进一步分解出子准则层。其次，构造成对比较阵。从层次结构模型的第 2 层开始，对于从属于（或影响）上一层每个因素的同一层诸因素，用成对比较法和 1～9 比较尺度构造成对比较阵，直到最下层。再次，计算权向量并做一致性检验。对于每一个成对比较阵，计算其最大特征根及对应特征向量，利用一致性指标、随机一致性指标和一致性比率做一致性检验。若检验通过，特征向量（归一化后）即为权向量；否则，需重新构造成对比较阵。最后，计算组合权向量（层次总排序）并做组合一致性检验。计算最下层对目标的组合权向量，并根据公式做组合一致性检验，若检验通过，则可按照组合权向量表示的结果进行决策，否则需要重新考虑模型或重新构造那些一致性比率较大的成对比较阵。

下面对每个步骤的详细内容作进一步阐述。

1. 建立层次结构模型

明确所要解决的问题，搞清楚问题所涉及的因素以及各因素之间的相互关系。将决策问题层次化，划分为总目标层、准则层和方案层。若上层的每个因素都支配着下一层的所有因素，或被下一层所有因素影响，称为完全层次结构，否则称为不完全层次结构。

2. 构造判断矩阵

设某层有 n 个因素，$X = \{x_1, x_2, \cdots, x_n\}$，要比较它们对上一层某一准则（或目标）的影响程度，W_i 表示第 i 个因素对于上一层中某一准则的重要性的权重，以每两个因素（或子目标）的相对重要性为元素的矩阵 A 称为判断矩阵。

$$A = \begin{bmatrix} 1 & \dfrac{w_1}{w_2} & \cdots & \dfrac{w_1}{w_n} \\ \dfrac{w_2}{w_1} & 1 & \cdots & \dfrac{w_2}{w_n} \\ M & M & M & M \\ \dfrac{w_n}{w_1} & \dfrac{w_n}{w_2} & \cdots & 1 \end{bmatrix}$$，判断矩阵是层次分析法的核心。

判断矩阵表示同一层次上各元素对上层某元素相对重要性的判断值，由若干专家或有经验的工作人员给出。判断相对重要程度时，采取 Saaty 提出的 1～9 标度方法（见表 5-1），具体依据如下：

表 5-1　标度及含义

标度	含义
1	表示两个元素相比，具有同等重要程度
3	表示两个元素相比，一个指标比另一个元素稍微重要
5	表示两个元素相比，一个指标比另一个元素明显重要
7	表示两个元素相比，一个指标比另一个元素非常重要
9	表示两个元素相比，一个指标比另一个元素极端重要
2，4，6，8	取上述两相邻判断的中值
倒数	相应两因素交换次序的重要性比较

（1）在估计事物质的区别性时，人们常用五种判断表示，即相等、较强、强、很强、绝对强。更高精度时，还可以在相邻判断之间做出比较，这样，总共有 9 个等级，它们有连贯性，便于在实践中应用。

（2）心理学家认为，人们在同时比较若干个对象时，能区别差异的心理学极限为 7±2 个对象，这样他们之间的差异正好可以用 9 个数字表示出来。Saaty 还将 1～9 标度方法同一种 26 标度方法进行比较，结果表明 1～9 标度是可行的，并且能较好地将思维判断数量化。

3. 求解判断矩阵的特征向量，并对判断矩阵的一致性进行检验

构造好判断矩阵后，需要根据判断矩阵计算针对某一准则层各元素的相对权重，并进行一致性检验。虽然在构造判断矩阵时并不需要判断一致性，但偏离一致性过大也是不允许的。

通过计算一致性指标和检验系数进行检验。CI 是度量判断矩阵偏离一致性的指标，$CI=\dfrac{\lambda_{\max}-n}{n-1}$，$CI$ 越大，判断矩阵的一致性越差；$\lambda_{\max}-n$ 越大，CI 就越大，矩阵的一致性就越差；当 $CI=0$，就表明判断矩阵具有完全一致性。

RI 为平均随机一致性指标，是足够多个根据随即发生的判断矩阵计算的一致性指标的平均值。对于 1～11 阶的判断矩阵 Satty 给出了 RI 的值，如表 5-2 所示。

表 5-2　平均随机一致性指标

n	1	2	3	4	5	6	7	8	9	10	11
RI	0	0	0.58	0.9	1.12	1.24	1.32	1.41	1.45	1.49	1.51

CR 为检验系数。定义 $CR=\dfrac{CI}{RI}$，CR 越小，判断矩阵的一致性越好。一般认为，当 $CR<0.1$ 时，认为判断矩阵具有满意的一致性；否则需要调整判断矩阵，直到满意的一致性为止。

4. 层次总排序

利用同一层次中所有层次单排序的结果就可以计算针对上一层次而言的本层次所有元素的重要性权重值，这就称为层次总排序。层次总排序需要从上到下逐层顺序进行。对于最高层，层次单排序就是其总排序。若上一层次所有元素 A_1，A_2，$\cdots$，A_m 的层次单排序已经完成，得到的权重分别为 a_1，a_2，$\cdots$，a_m，与 a_j 对应的本层次元素 B_1，B_2，$\cdots$，B_n 的层次单排序结果为 b_1^j，b_2^j，$\cdots$，b_n^j。

总排序的一致性检验：

$$CI = \sum_{j=1}^{m} a_j CI_j \tag{5-1}$$

$$RI = \sum_{j=1}^{m} a_j RI_j \tag{5-2}$$

$$CR = \frac{CI}{RI} \tag{5-3}$$

式（5-1）中，CI 表示层次总排序的一致性指标，CI_j 为与 a_j 对应 B 层次中判断矩阵的一致性指标；式（5-2）中，RI 表示层次总排序的随机一致性指标，RI_j 与 a_j 对应的 B 层次中判断矩阵的随机一致性指标；式（5-3）中，CR 为层次总排序的随机一致性比率。

同样地，当 $CR < 0.1$ 时，认为层次总排序的计算结果具有满意的一致性；否则需要对本层次的各判断矩阵进行调整，使层次总排序具有令人满意的一致性。

六、基于层次分析法的某油田仓储选址评价案例研究

本节选取中石化某油田仓储设施选址问题为例，详细阐述层次分析法

在选址评价过程中的应用。在确定评价指标体系时，除遵循上述选址的基本原则外，还参考了该企业《××公司仓储五年规划》中关于仓库选址的标准规定，其仓库选址规划的基本原则有：①尽量靠近有油气勘探开发潜力的油区；②物流成本低、运营成本低；③区域要尽量开阔、区域当地群众关系融洽；④物流运输方便，办公、生活便利。

根据物流选址的基本原则和上述该企业规定的具体原则，确定了层次分析法的基本指标体系。

（一）层次分析法的三级指标体系

本节在参考了大量的文献资料，结合当地实际调研情况的基础上，本着指标方便量化、科学客观的理念，从油田企业实际需要的角度，确定候选仓库的筛选指标。首先将最优候选仓库点的评价指标分为运输成本、交通因素、区域因素、社会因素、公共服务和自然因素六大类；其次将六大类指标分别进行细分，共包含配送道路的便利情况、区域资源可开采潜力、城市功能定位等15个因素，根据这些因素建立层次分析法的三级指标体系，如表5-3所示。

表5-3　层次分析法的三级指标体系

第一级指标	第二级指标	第三级指标
运输成本	运输费用最小	候选点与油区之间的运输费用
交通因素	离主干道远近	多式联运协调能力
	离高速路口远近	快速转运的能力
	离铁路中转站远近	大宗货物的运输
	离机场远近	急用、精密机械的运输
	配送道路便利情况	配送途中所要翻越的山沟数量（耗时、耗油）
区域因素	区域仓储建设	与是否有现成仓库、物流园区有关
	区域资源开采潜力	与候选仓库所在区域石油开采潜力有关
社会因素	城市功能定位	定位方向：经济、文化、旅游、政治
	政府政策扶持	政府支持物流园区建设
	人口密度	人口密度对车辆通行速度有重要影响

第一级指标	第二级指标	第三级指标
公共服务	生活服务设施	基础生活服务设施健全（水电气等）
	物流配送设施	尽量靠近物流园区
自然因素	水文条件	河流水系多少、水量大小
	地形条件	坡度平缓，视野开阔

（二）层次分析法的指标因素权重的确定与计算

在确立上述油田仓库选址的三级评价指标体系的基础上，基于 AHP 确定各指标之间的相对权重，其中的关键在于建立一个构造合理且一致的判断矩阵，而判断矩阵的合理性受到标度合理性的影响，因此需要对各指标重要性等级的差异性进行量化处理。

在确定指标重要性的量化标准时，常用的方法有比例标度法，即以 9 种判别等级表示事物的差别，如表 5 - 4 所示。

表 5 - 4　九种判别等级标度

重要性级别	含义	说明
1	同样重要	两因素比较，具有相同的重要性
3	稍微重要	两因素比较，一个因素比另一个稍微重要
5	比较重要	两因素比较，一个因素比另一个比较重要
7	十分重要	两因素比较，一个因素比另一个重要得多
9	绝对重要	两因素比较，一个因素比另一个绝对重要
2、4、6、8	—	上述相邻判断的中间值

下面以交通因素和区域因素为例，阐述对于最优仓库的选址来说，交通因素与区域因素的相对重要性比较过程。我们综合实际调研、专家回访、问卷调查的结果，通过定性和定量的分析得出，交通因素和区域因素同样重要（重要性级别为 1），其他各指标重要性比较依次类推。

在确定了各指标因素相对于最优仓库选址的优势程度之后，采用当前层次分析法领域相对先进的求解软件——Yaahp 算法进行求解。

　　Yaahp（Yet Another AHP）是一个层次分析法（AHP）求解软件，提供方便的层次模型构造、判断矩阵数据录入、排序权重计算以及计算数据导出等功能。Yaahp 的设计目标是灵活易用的层次分析法软件，用户只需要具备初步的层次分析法知识，不需要详细理解层次分析法计算方面的各种细节，就可以使用层次分析法进行决策。这其中比较重要的一步就是层次分析法指标权重的计算。

　　我们通过该软件生成了一个最优候选仓库评价的层次指标体系模型（见图 5 - 1），包括一级指标和二级指标，而指标权重的确定以及能否通过一致性检验是整个求解过程的重中之重。指标权重确定的主要依据有：①实地调研；②调研结束后，由该油田物供处获得的数据、资料；③查阅相关文献、资料与统计年鉴。这里以一级指标为例，详细阐述各级指标之间的逻辑关系（见表 5 - 5）。二级指标依次类推。

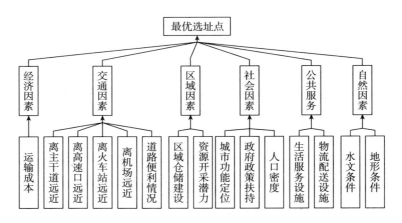

图 5 - 1　候选仓库评价的层次指标体系模型

表 5 - 5　一级指标体系重要性比较

最优选址点	自然因素	交通因素	区域因素	社会因素	公共服务	运输成本
自然因素	1.000	0.1667	0.250	0.250	0.250	0.1667
交通因素	6.000	1.000	1.000	1.000	1.000	0.250

最优选址点	自然因素	交通因素	区域因素	社会因素	公共服务	运输成本
区域因素	4.000	1.000	1.000	2.000	3.0C0	0.500
社会因素	4.000	1.000	0.500	1.000	2.000	0.500
公共服务	4.000	1.000	0.333	0.500	1.000	0.333
运输成本	6.000	4.000	2.000	2.000	3.000	1.000

（三） 油田候选仓库的单因素指标评价

在确定一级、二级指标因素权重的基础上，要对各候选仓库进行单因素指标评价，在此过程中，需要对二级指标进一步细化，结合定性分析和定量分析相结合的理念，根据相关文献资料和实际调研的结果，对各候选仓库点相对于各指标的优势程度进行比较，主要是通过比例标度法确定各自的重要性关系，结合 AHP 计算相应权重，计算过程与一、二级指标因素重要性比较一致，具体可参阅表 5－6 和表 5－7，这里不再赘述。以下是各候选仓库相对于运输成本、交通因素、区域因素、社会因素、公共服务和自然因素等单因素指标得分与排序。

1. 油田各候选仓库相对于运输成本因素指标得分与排序

在单因素指标评价体系中，宁县、正宁县、旬邑、泾川、长庆桥、长武和彬县的运输配送费用如表 5－6 所示：

表 5－6　油田各候选仓库运输费用　　　　　　　单位：万元

	宁县	正宁县	旬邑	泾川	长庆桥	长武	彬县
运输费用	334.55	326.05	350.98	369.75	344.86	459.56	336.65

对各候选仓库相对于运输成本的优势程度进行比较，主要是通过比例标度法确定重要性关系，结合 AHP 计算得出相应权重，如表 5－7 所示。

表 5 - 7　各候选仓库的得分与排序

候选点	权重优势	分数	排名
宁县	0.1579	98.57	2
正宁县	0.1596	100	1
旬邑	0.1517	93.90	5
泾川	0.1452	89.23	6
长庆桥	0.1568	96.17	4
长武	0.1209	72.11	7
彬县	0.1578	98.51	3

对权重优势进行排序，得出最优方案是 0.1596，单因素指标得出的最佳候选点为正宁县。

2. 候选仓库相对于交通因素指标得分与排序

在交通因素指标评价体系中（见图 5 - 2），宁县、正宁县、旬邑、泾川、长庆桥、长武和彬县的交通因素状况如表 5 - 8 所示。

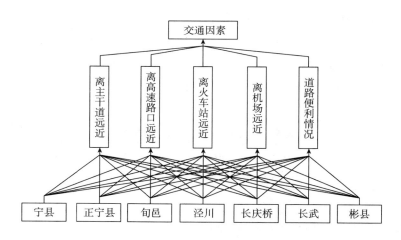

图 5 - 2　交通因素的指标评价体系

对各候选仓库相对于交通因素下各指标的优势程度进行比较，主要是通过比例标度法确定重要性关系，结合 AHP 计算得出相应权重，如表 5 - 9 所示：

表 5 - 8 各候选仓库交通因素状况

	宁县	正宁县	旬邑	泾川	长庆桥	长武	彬县
离主干道远近（千米）	0.75	0.2	1	1.1	1.3	1.3	1.5
离高速路口远近（千米）	27.7	84	10.4	4.1	3.5	5.1	6.3
离铁路中转站远近（千米）	在建	无	无	在建	在建	在建	在建
离机场远近（千米）	69.3	106.7	151	87.9	64.5	88.7	119
配送道路便利情况	<10	>10	<10	<10	<10	<10	<10

表 5 - 9 各候选仓库的得分与排序

候选点	权重优势	分数	排名
宁县	0.1876	96.25	2
正宁县	0.0426	21.85	7
旬邑	0.1309	67.16	5
泾川	0.1438	73.78	4
长庆桥	0.1949	100.00	1
长武	0.1681	86.25	3
彬县	0.1322	67.83	5

对相对的权重优势进行排序，得出最优方案是 0.1949，在此单因素指标下得出的最佳候选点为长庆桥。

3. 候选仓库相对于区域因素指标得分与排序

在区域因素指标评价体系中（见图 5 - 3），宁县、正宁县、旬邑、泾川、长庆桥、长武和彬县的区域因素状况如表 5 - 10 所示：

对各候选仓库相对于区域因素下各指标的优势程度进行比较，主要是通过比例标度法确定重要性关系，结合 AHP 计算得出相应权重，如表 5 - 11 所示。

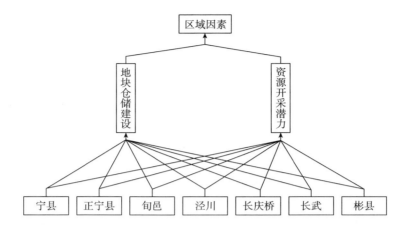

图 5 - 3　区域因素的指标评价体系

表 5 - 10　各候选仓库区域因素状况

	宁县	正宁县	旬邑	泾川	长庆桥	长武	彬县
区域物流仓储建设规模（亩）	无	无	80	无	680	300	600
区域资源开采潜力（口）	132	132	124	80	132	132	132

表 5 - 11　各候选仓库的得分与排序

候选点	权重优势	分数	排名
宁县	0.1165	62.23	5
正宁县	0.1165	62.23	5
旬邑	0.1376	73.50	4
泾川	0.1030	55.02	7
长庆桥	0.1872	100.00	1
长武	0.1527	81.57	3
彬县	0.1864	99.57	2

对相对的权重优势进行排序，得出最优方案是 0.1872，在此单因素指标下得出的最佳候选点仍为长庆桥。

4. 候选仓库相对于社会因素指标得分与排序

在社会因素指标评价体系中（见图 5 - 4），宁县、正宁县、旬邑、泾川、长庆桥、长武和彬县的社会因素状况如表 5 - 12 所示。

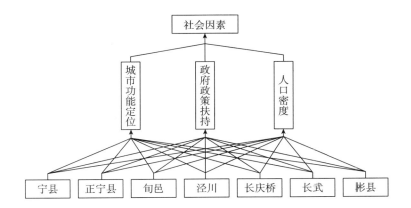

图 5 - 4　社会因素的指标评价体系

表 5 - 12　各候选仓库社会因素状况　　单位：人/平方千米

	宁县	正宁县	旬邑	泾川	长庆桥	长武	彬县
城市功能定位	文化旅游	煤炭经济	红色经济	农业经济	工业集中	文化旅游	煤炭经济
政府政策扶持	无重点项目	无重点项目	市重点项目	无重点项目	国资重点建设项目	省市重点项目	市重点项目
人口密度	208	180	160	200	498	353	295

对各候选仓库相对于社会因素下各指标的优势程度进行比较，主要是通过比例标度法确定重要性关系，结合 AHP 计算得出相应权重，如表 5 - 13 所示。

表 5 - 13　各候选仓库的得分与排序

候选点	权重优势	分数	排名
宁县	0.1241	70.79	5
正宁县	0.1531	87.34	3
旬邑	0.1641	93.61	2
泾川	0.1276	72.79	4
长庆桥	0.1753	100	1
长武	0.1227	69.99	7
彬县	0.1330	70.79	6

对权重优势进行排序，得出最优方案是 0.1753，在此单因素指标下得出的最佳候选点为长庆桥。

5. 候选仓库相对于公共服务指标得分与排序

在公共服务指标评价体系中（见图 5 – 5），宁县、正宁县、旬邑、泾川、长庆桥、长武和彬县的公共服务状况如表 5 – 14 所示。

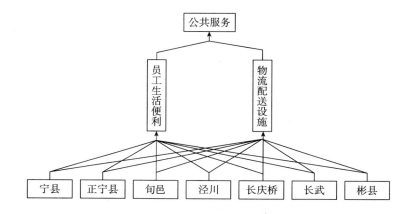

图 5 – 5　公共服务的指标评价体系

表 5 – 14　各候选仓库公共服务状况

	宁县	正宁县	旬邑	泾川	长庆桥	长武	彬县
员工生活便利程度	不太便利	不太便利	非常便利	比较便利	不太便利	比较便利	比较便利
物流配送设施	设施薄弱	设施薄弱	原底物流配送中心	设施薄弱	综合物流配送中心	设施薄弱	设施薄弱

对各候选仓库相对于公共服务下各指标的优势程度进行比较，主要是通过比例标度法确定重要性关系，结合 AHP 计算得出相应权重，如表 5 – 15 所示。

对权重优势进行排序，得出最优方案是 0.2111，在此单因素指标下得出的最佳候选点为旬邑。

表 5 - 15   各候选仓库的得分与排序

候选点	权重优势	分数	排名
宁县	0.0778	36.85	7
正宁县	0.0980	46.42	6
旬邑	0.2111	100.00	1
泾川	0.1057	50.07	5
长庆桥	0.1926	89.53	2
长武	0.1278	60.54	4
彬县	0.1870	88.58	3

6. 候选仓库相对于自然因素指标得分与排序

在自然因素指标评价体系中（见图 5 - 6），宁县、正宁县、旬邑、泾川、长庆桥、长武和彬县的自然因素状况如表 5 - 16 所示。

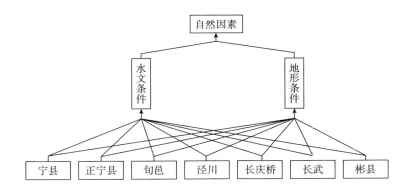

图 5 - 6   自然因素的指标评价体系

表 5 - 16   各候选仓库公共服务状况

	宁县	正宁县	旬邑	泾川	长庆桥	长武	彬县
水文条件	水系丰富	水系丰富	水系丰富	泾河水系	泾河水系	黄河水系	泾河水系
地形条件	沟壑纵横	沟壑纵横	沟壑纵横	沟壑纵横	地势平坦	丘陵沟壑	丘陵沟壑

对各候选仓库相对于自然因素下各指标的优势程度进行比较，主要是通过比例标度法确定重要性关系，结合 AHP 计算得出相应权重，如表 5 - 17 所示。

表 5 - 17　各候选仓库的得分与排序

候选点	权重优势	分数	排名
宁县	0.1348	62.29	3
正宁县	0.1348	62.29	3
旬邑	0.1348	62.29	3
泾川	0.1226	56.65	6
长庆桥	0.2164	100.00	1
长武	0.1388	64.14	2
彬县	0.1178	54.44	7

对权重优势进行排序，得出最优方案是 0.2164，在此单因素指标下得出的最佳候选点为长庆桥。

（四）油田候选仓库的综合因素指标评价

在油田候选仓库的综合因素指标评价体系中（见图 5 - 7），考虑了宁县、正宁县、旬邑、泾川、长庆桥、长武和彬县的经济因素、交通因素、区域因素、社会因素、公共服务和自然因素，得到了各候选仓库在综合指标下的得分和排序，如表 5 - 18 所示。

对各候选仓库相对于综合因素下各指标的优势程度进行比较，主要是通过比例标度法确定重要性关系，结合 AHP 计算得出相应权重，如表 5 - 19 所示。

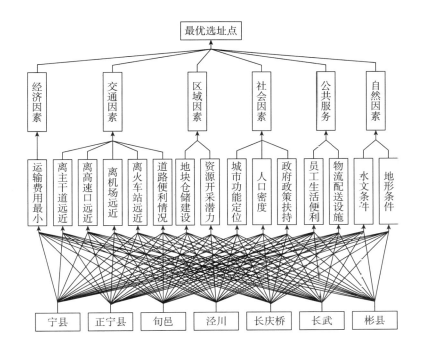

图 5 - 7 自然因素的指标评价体系

表 5 - 18 各候选仓库的得分与排序

候选点	权重优势	分数	排名
宁县	0.1360	68.27	5
正宁县	0.0972	48.80	7
旬邑	0.1657	83.18	2
泾川	0.1039	52.16	6
长庆桥	0.1992	100	1
长武	0.1372	68.88	4
彬县	0.1610	80.82	3

（五）油田仓库选址决策建议

表 5-18 对各候选仓库的比较优势进行排序，权重优势排序为长庆

桥、旬邑、彬县、长武、宁县、泾川、正宁县，以长庆桥为 100 分，可以得出其他候选仓库的相应得分为 73.14 分、70.78 分、68.88 分、68.27 分、62.20 分、58.84 分，通过定性和定量的分析，综合分析的最终方案是长庆桥。

表 5 - 19   长庆桥候选点优势解析

一级指标	二级指标	指标衡量	排序
运输成本	运输费用最小	344.86 万元	4
交通因素	离主干道远近	14.8 千米	1
	离高速路口远近	3.5 千米	
	离铁路中转站远近	在建	
	离机场远近	64.5 千米	
	配送道路便利情况	<10	
区域因素	区域仓储建设	680 亩	1
	区域资源开采潜力	132 口	
社会因素	城市功能定位	工业集中	1
	政府政策扶持	国资重点	
	人口密度	498 人/平方千米	
公共服务	员工生活便利程度（用 GDP 衡量）	不太便利	2
	物流配送设施	物流中心	
自然因素	水文条件	泾河水系	1
	地形条件	地势平坦	

我们通过单因素分析可以看到，长庆桥的优势是非常明显的，这也是长庆桥能成为最优方案的原因。

在进行各个候选仓库点的运输总费用比较时，我们得出正宁县运输费用最小，而综合评价的结果是正宁县得分最低。其原因：首先，正宁县交通通达度不高，离主干道（21.7 千米）和高速路口（74 千米）距离较远，多式联运协调能力不强。其次，该候选点的交通便利程度不够，在该油田调研过程中发现正宁县的道路中有很多沟壑，对行车安全造成很大影响，而长庆桥候选点周围的道路则相对平坦开阔，行车省时、省油、安全、经济。最后，正宁县候选点缺乏必要的物流园区，物流设施薄弱，上述这些原因都直接造成了在综合评价过程中其他候选点不及长庆桥。

七、本章小结

　　油田仓储选址涉及经济、社会、自然、政治和人文等多方面的因素影响，如何对满足企业需要的多个仓储候选点根据企业关心的指标数据进行排列，以便选出企业满意的最终仓储候选点对于企业仓储位置的合理确定有着重要意义。本章首先介绍了仓储选址工作需遵循的一般性原则，继而简要叙述了仓储选址评价指标设立的规则，并以此为基础将油田仓储选址的评价指标分别划分为定性与定量两类指标。其次，在综合比较了多种评价方法的基础上选定了基于层次分析法的仓储选址评价方法。最后，以中石化某油田企业的仓储选址问题为例详细阐述了评价指标体系的设立和评价方法的应用过程，结论表明，该评价方法能够将定性和定量两类评价指标统一在评价模型中，得出的结论更加贴近实际。

第六章
考虑路径加权的物资配送费用优化研究

一、背景介绍

　　当今社会已经进入了网络、知识、经济相互影响的时代，电子商务的飞速发展引起了第三方物流业的迅猛发展，物流技术、物流服务越来越科学、合理。而在我国，石化行业是垄断行业，石油企业的发展还停留在计划经济时代，因而，存在着许多管理落后的问题。然而油田物资配送费用在油田企业成本中占有较大的比重，在当今市场经济的大环境下，寻找更加科学、合理的油田物资配送决策对石油企业提高运营效率、增加企业竞争力具有重要意义。

　　我国有 17 个主要油田，其中每个主要油田中都有着数量不等的油气田（油井和气井并存）和油田，如大庆油田由 48 个规模不等的油田组成，而胜利油田已投入开发了 68 个油气田。而且，由于我国资源所在区域的地质构造特征所致，油田区域总体上呈现不规则、零星分布的特点。从现状来看，上述主要油田中大部分油田都只有规模和数量十分有限的物资仓库。所以合理、有效地进行油田配送管理是所有油田企业都不可回避的问题，同时，也是把党中央、国务院提出的建立资源节约型国民经济体系和资源节约型社会的伟大工程落实到中国石化企业工作的实处，为确保企业消耗最小的社会资源与自然资源创造最大的社会财富提供方向。

在一般企业物流系统的费用组成中，配送成本占物流总成本的比重较大，根据现有的研究成果，约占物流系统总成本的70%～90%（张锡平，2005）。随着供应链与物流系统的不断发展，配送问题已经成为国内外学术界与企业界共同关心的最基本、最重要的问题。因此研究物资配送优化问题对于提高企业效益、降低企业成本具有重要的意义。油田企业的生产经营过程中涉及的物资数量大、种类繁多，其物资配送过程具有以下显著特征：①油田物资多样且其理化性质特殊；②大多油田企业的配送过程涉及的运输道路条件较差；③配送需求差别大；④配送地点分散；⑤时间窗要求高；⑥运输安全很重要；⑦油田企业物资运输的服务对象是具体的采油厂等。因此，要求建立的油田物资配送优化模型应该满足油田企业生产经营过程中的具体特点。针对油田企业的特殊性，本章建立更符合实际应用的数学模型（如带有路况系数的模型），寻求合适的算法进行求解并对油田物流配送管理提出决策参考方案。研究结论将为油田企业的配送过程节省一定费用，提高企业竞争力。

二、配送的基本理论

（一）配送的概念

配送原本只是交货、输送、运送的意思。

《日本工业标准（JIS）物流用语》将其解释为"将货物从物流据点送

交给收货人"。1991年日本出版的《物流手册》则将配送中心到顾客之间的物口空间移动称为配送。

我国于20世纪80年代初开始广泛使用"配送"的概念。在《中华人民共和国国家标准物流术语》中将配送定义为：在经济合理区域范围内，根据客户要求，对物品进行拣选、加工、包装、分割、组配等作业，并按时送达指定地点的物流活动。

从上述定义可以看出，配送不仅包括对配送路线的规划设计，还包括对货物配货、配装等一系列工作，是配和送的有机结合。

（二）油田物资配送的特殊性

油田大多位于交通不便利的区域，在油田配送中配送中心与各个配送需求点之间的道路复杂多样，不能一刀切地进行处理，因此要划分类别，区别对待。现行的划分规则主要有两种：一是按行政等级划分，二是按使用任务、功能和适应的交通量划分，具体划分标准如下：

1. 按行政等级划分

按行政等级可分为国家公路、省公路、县公路和乡公路（简称为国、省、县、乡道）以及专用公路5个等级。一般把国道和省道称为干线，县道和乡道称为支线。

国道，符号为G，是指具有全国性政治、经济意义的主要干线公路，包括重要的国际公路，国防公路连接首都与各省、自治区、直辖市首府的公路，连接各大经济中心、港站枢纽、商品生产基地和战略要地的公路。国道中跨省的高速公路由交通部批准的专门机构负责修建、养护和管理。

省道，符号为S，是指具有全省（自治区、直辖市）政治、经济意义，并由省（自治区、直辖市）公路主管部门负责修建、养护和管理的公路干线。

县道，符号为X，是指具有全县（县级市）政治、经济意义，连接县城和县内主要乡（镇）、主要商品生产和集散地的公路以及不属于国道、省道的县际间公路。县道由县、市公路主管部门负责修建、养护和管理。

乡道，符号为Y，是指主要为乡（镇）村经济、文化、行政服务的公路以及不属于县道以上公路的乡与乡之间及乡与外部联络的公路。乡道由乡人民政府负责修建、养护和管理。

专用公路是指专供或主要供厂矿、林区、农场、油田、旅游区、军事要地等与外部联系的公路。专用公路由专用单位负责修建、养护和管理，也可委托当地公路部门修建、养护和管理。

2. 按使用任务、功能和适应的交通量划分

我国于1951年颁发了中华人民共和国行业标准《公路工程设计准则（草案）》，几经修改后，1981年正式颁发了《公路工程技术标准》，编号为JTJ01－81；1988年和1997年又分别对其进行了两次修改，形成《公路工程技术标准》，编号为JTJ001－97。在我国公路发展过程中，标准、规范体系也在不断地调整完善。2003年又对其进行了第三次修改，形成《公路工程技术标准》，编号为JTGB01－2003，简称03版标准。经过近4年的努力，《公路工程技术标准》（JTG B01－2014）（简称新标准）已于2014年9月30日正式签发，并将于2015年1月1日起施行。现行的JTG B01－2003标准自2004年3月1日施行以来，适应了当时和其后一个时期社会、经济发展和公路建设的需要，对指导全国公路工程建设工作发挥了重要作用。

根据我国现行的《公路工程技术标准》（JTG B01－2014），公路按使用任务、功能和适应的交通量分为高速公路、一级公路、二级公路、三级公路、四级公路5个等级。

高速公路为专供汽车分向、分车道行驶并应全部控制出入的多车道公路。高速公路的年平均日设计交通量宜在15000辆小客车以上。

一级公路为供汽车分向、分车道行驶，可根据需要控制出入的多车道公路。一级公路的年平均日设计交通量宜在15000辆小客车以上。

二级公路为供汽车行驶的双车道公路。二级公路的年平均日设计交通量宜在5000～15000辆小客车。

三级公路为供汽车、非汽车交通混合行驶的双车道公路。三级公路的

年平均日设计交通量宜在2000~6000辆小客车。

四级公路为供汽车、非汽车交通混合行驶的双车道或单车道公路。双车道四级公路的年平均日设计交通量宜在2000辆小客车以下；单车道四级公路年平均日设计交通量宜在400辆小客车以下。

由于上述第一种划分标准中没有考虑到高速公路的影响，而第二种划分标准中的实践性不足，因此，本书对道路的划分是结合前两种的划分标准设计的一种新的划分标准，以更真实地反映路况的实际，具体划分如表6-1所示。

表6-1　道路等级划分

道路	高速	国道	省道	县道	乡道
字母	H	G	S	X	Y

三、油田物资配送过程中存在的主要问题

因为现行的油田的物资配送过程脱胎于高度计划经济的模式，难以适应现代市场经济发展的需求。因此，现代化的油田物资配送过程仍处于起步阶段，没有实现真正意义上的终端配送服务方式，配送服务还需要不断的提高和完善。下面具体分析现存油田物资配送过程中存在的一些不足。

（一）油田物资配送中心功能不健全

油田物资配送中心应具备进货功能，整体分拣功能，仓储保管功能，运输配送功能，流通加工处理、信息处理与反馈等功能。目前的油田物资配送中心只能承担其中部分职能，有的甚至只能负责仓储保管或者送货。而其他的功能，如进货、整理分拣及储存保管等，要么外包给其他单位或

者专业公司,要么尚未开展起来。作为配送中心的职能不能充分展开,对油田物资配送效率有很大的影响。物资配送业务的开展应该以配送调度为核心,进行指令的逐层下达,业务流程涉及的岗位有物资配载、运输调度、装卸调度、配送作业和库房保管等。为实现油田物资配送调度一体化作业,需要将车辆调度与装卸调度合并或者采取集体办公的形式,以提高调度信息传递的效率。

(二) 油田物资仓储管理不能适应配送的需要

油田物资储备定额、库存结构、仓储作业流程等方面需要向提高配送效率方向进行调整。一是现有的大多数物资配送中心没有系统地考虑区域内物资消耗和计划需求情况,明确库存结构和确定各类物资的储备定额,造成一部分物资库存高,大量占用库容,而其他库配物资不能入库,直接造成配送中心组织实施的配送工作量占区域物资消耗总量比例太小,配送工作量明显不足。二是库房管理流程、机构设置不适应配送型的仓储要求,信息化程度低,仓储同配送脱节。仓储不能及时更新出入库物资记录和及时了解近期配送计划,配送不能及时掌握各类物资储备数量、库存时间、库存水平、库存位置等信息。三是库房布局不合理,现代物流机械和设备配备上存在不足。库房布局需要结合出入库频率和进货要求进行调整;叉车、托盘不能普遍使用,大部分库房还不能满足机械化作业的要求等。

(三) 油田物资配送路线不合理

针对油田企业物资配送网点分散、路况类型复杂的情况,配送路线还需要进一步优化。各配送点的位置、装卸条件、道路状况和物料种类、数量都存在很大的不同,尚未形成科学的方法对其进行定量的测算,也没有形成科学合理的配送路线,还存在着配送车辆空载率高、运输路线重复等问题。

(四) 配送信息化程度不高

在现代化物流作业中,物流信息能否实时、方便、准确地采集并且及时有效地进行传递将直接影响整个物流系统的工作效率。在物资配送研究继续深入发展的同时，需要一套功能完善的物资配送信息系统对其进行操作上的支持。在此系统支持下，各级用户能够通过这个信息平台及时了解油田物资配送系统的动态，掌握配送信息。目前，虽然一些油田企业建立了物资供应网站，并有相应的物资配送专栏，但在功能性上还有待继续提高，各级供应站需要通过配送专栏了解每天送往本单位的物资情况，可以提前做好卸车准备。同时，各级供应站通过这个信息平台可以将本单位的物资配送情况报送到上一级配送中心，做到信息互动，及时交流，对存在的意见与问题可以及时反馈，以不断地提高油田物资配送的工作效率。

（五）缺少专业物流人才

油田企业物流成本管理需要正规的负责物流部门和专门的人员进行管理，物资配送作为物流管理的一部分，也需要大量的专业人员直接参与。但是，物流人才和机构的供需却表现出严重的不对称性，主要表现在：既懂得物流管理知识又具有实际操作技能的专业人才绝对短缺，物流人员过剩，难以发挥物流的增值功能；企业内部管理粗放，先进的物流管理技术和管理方法都还没有得到应用；不少管理者观念尚未彻底转变，不能及时适应市场需求，这些因素是造成我国多数油田企业物流成本较高的主要原因。

四、中石化某油田物资配送费用预测案例

本节依然选取上述中石化某油田的具体数据为例，详细阐述道路分级情况下的油田物资配送优化过程。根据前述该油田企业仓库选址问题研究的结果，结合油田配送特点，对该油田物资配送费用进行测算，主要包括该油田所辖各油区钻井类物资年配送费用和各仓库到各乡镇需求点的单趟

配送费用。另外，为提高油田物流管理的可操作性，还对单趟配送费用的预测过程进行了可视化界面设计。

　　有关该油田企业目前的配送现状介绍如下：通过前述研究确定该油田进行物流仓储设施选址后共留下两个物资仓库，其中金锁关仓库负责配送油区东部（富县、彬—长油区）的除油套管外的其他物资；长庆桥仓库负责配送油区西部（镇泾、旬邑—宜君油区）的所有物资和油区东部（富县、彬—长油区）的油套管，如图 6 - 1 所示（加线物资为金锁关仓库提供，未加线物资为长庆桥仓库提供）。

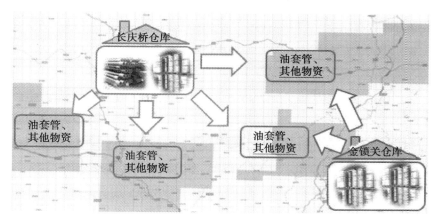

图 6 - 1　仓库功能定位

（一）油区年配送费用预测

　　由于该油田还有很多尚未勘探的油区，导致油井数量和油井位置具有不确定的特点。因此这里先对该油田所辖油区内的井位数量和位置进行模拟、对单井物资量和运输距离进行测算，从而对由长庆桥仓库和金锁关仓库到该油田所辖 4 个油区年配送费用进行预测。

　　1. 数据来源

　　该油田所辖油区年配送费用预测的数据主要包括吨千米单价数据的来源（前文仓库选址问题研究已经给出了该数据，为 0.8519 元/吨·千米）、单井物资需求量的数据、各乡镇到仓库的距离以及油区油井数量和位置数据的。

（1）油区井位的确定。根据 2015～2017 年该油田三年的规划钻井数量，采用蒙特卡洛模拟各个油区内的油井位置。在上述选址优化过程中已经给出了该油田所辖油区在 2015～2017 年计划钻井数（见表 6-2），并且计算出了三年的年均钻井数。因为选址决策具有一定的超前性，因此这里选择各个油区钻井数三年的年均钻井数作为各个油区的钻井数量。

表 6-2 该油田所辖油区在 2015～2017 年计划钻井数　　　单位：口

序号	油田	项目	2015 年	2016 年	2017 年	三年平均钻井数
1	镇泾油区	探井	30	25	25	27
2	彬—长油区	探井	39	48	45	44
3	旬邑—宜君油区	探井	40	44	40	41
4	富县油区	探井	35	34	32	34

已知各个油区的油井数量，通过 Matlab 语言对蒙特卡罗随机模拟进行编程可以模拟出各个油区内的油井位置（见图 4-3），详细步骤请参阅第四章。

结合实际的地图可以统计出各个井位所处的具体位置（统计位置时，本书设定的最小统计单位是乡镇，表 6-3 是部分乡镇所含井位的模拟数据）。

表 6-3 部分乡镇所含井位的模拟数据

乡镇	1 次模拟	2 次模拟	3 次模拟	4 次模拟	5 次模拟	……	100 次模拟
镇原县内	2	1	1	0	1		1
平泉镇	1	2	1	2	2		1
南川乡	1	0	3	2	1		1
屯字镇	1	3	2	2	1		1
中原乡	2	0	0	1	3		2
曙光乡	0	0	1	2	2		1
索罗乡	2	2	2	0	0		1
白水镇	1	1	0	0	1		1

续表

乡镇	1次模拟	2次模拟	3次模拟	4次模拟	5次模拟	……	100次模拟
玉都镇	0	1	0	3	2		1
合道乡	2	1	1	2	1		1
红河乡	2	0	3	1	1		1
丰台乡	1	1	0	2	0		1
党原乡	0	2	1	1	0		1
王村镇	0	3	0	2	2		2
罗汉洞乡	0	2	0	1	0		1
太平乡	3	1	0	0	3		1
泾川县内	3	0	1	0	1		1
柏树乡	1	0	1	0	2		1
崇信县内	2	3	1	1	1		1
木林乡	2	2	3	0	1		1
花所乡	0	0	1	2	0		1
汭丰乡	0	0	2	2	0		2

上述结果是通过100次蒙特卡洛模拟，取平均值得出的各油区乡镇所含井位。

（2）单井物资需求量的确定。在选址优化研究中已经对该油田在2012年新钻25口水平井发放的物资量进行了平均测算，并确定了单井物资的需求量，如表6-4所示。

表6-4　单井物资的需求量　　　　　　单位：吨

序号	物资名称	所需数量	大类	总量	合计
1	套管 \ Φ273×8.89 - J55 STC	22.8	油套管	130	263.4
2	套管 \ Φ177.8×8.05 - N80 LTC	83.3			
3	套管头 \ 10 3/4" ×7" -35MPa	1			
4	普通油管 \ 73×5.51 \ N80E	22.9			
5	坂土 \ NV-2	26.6	其他物资	133.4	
6	纯碱 \ Na2CO3	2.2			
7	烧碱 \ NaOH	3			

续表

序号	物资名称	所需数量	大类	总量	合计
8	大钾 \ K – PAM	6.6			
9	小钾 \ K – PAN	5.9			
10	铵盐 \ NH4 – HPAN	8.4			
11	低黏 \ CMC	8.7			
12	高黏 \ CMC	3.5			
13	防塌剂	9.3	其他物资	133.4	263.4
14	润滑剂	3.7			
15	重晶石	13.5			
17	游梁式抽油机	3			
18	野营房（4人间）	8			
19	水套炉	1			
20	储油罐（30m³）	30			
21	30kW 柴油发电机组	1			

（3）各乡镇到仓库距离的确定。在油田钻井物资配送系统中，由于长庆桥仓库和金锁关仓库定位的不同，长庆桥仓库要负责所有油区油套管的配送，而其他物品的配送由长庆桥仓库和金锁关仓库分别负责。因此，表6-5分别列出了每个乡镇的地理中心到长庆桥和金锁关的距离，尤其是旬邑—宜君和富县油区。

表6-5　部分乡镇到仓库的距离　　单位：千米

油区	乡镇	长庆桥	金锁关	油区	乡镇	长庆桥	金锁关
镇泾	镇原县内	89.3	254.8	彬—长	湫坡头镇	96.7	106.4
镇泾	平泉镇	87.7	273.5	彬—长	显胜乡	54.5	213.6
镇泾	南川乡	86.7	252.3	旬—宜	马栏镇	152.2	58.7
镇泾	屯字镇	64.9	230.4	旬—宜	玉华镇	186.8	23.4
镇泾	中原乡	74	259.7	旬—宜	太安镇	197	22.5
镇泾	曙光乡	68.8	236.6	旬—宜	哭泉乡	215	13.7
镇泾	索罗乡	66.4	250.6	旬—宜	棋盘镇	228	26.7

续表

油区	乡镇	长庆桥	金锁关	油区	乡镇	长庆桥	金锁关
镇泾	白水镇	75.4	261.2	旬—宜	山岔乡	234.2	55.7
彬—长	丁家镇	25.2	182.1	旬—宜	腰坪乡	197.2	50.5
彬—长	昭仁镇	25.9	177.9	富县	寺仙镇	221.1	97.1
彬—长	独店镇	51.2	131.3	富县	富城镇	265 2	124.3
彬—长	枣元乡	39.8	191	富县	洛阳乡	260.4	119.4
彬—长	邵寨镇	73.2	232.9	富县	茶坊镇	267.9	124.4
彬—长	平子镇	82.1	128.2	富县	菩提乡	272.7	128.5
彬—长	太村镇	98.9	108.5	富县	洪福梁乡	262.5	118.3
彬—长	新民镇	77.2	126.7	富县	盘山镇	278.9	134.7
彬—长	城关镇	63.7	101.5	富县	小寺庄乡	285.6	141.4
彬—长	炭店乡	79.4	137.6	富县	道镇	284.7	141.8

注：仅列出了部分需求点到仓库候选点网络距离。

2. 配送需用预测方法

前文已经对油区年配送费用预测的主要数据进行了说明，本小节将对油区年配送费用预测的方法进行说明，由单个乡镇年配送费月推出油区年配送费用。

（1）单个乡镇年配送费用预测。在油田钻井物资配送系统中，每个乡镇到相应仓库所需物资的配送费用与吨千米单价（在仓库选址问题研究中已经给出 0.8519 元/吨·千米）、单井物资需求量、各乡镇到仓库的距离以及各乡镇井口数有关，以镇泾油区的中原乡为例，中原乡所需物资（包括油套管和其他物资）全部由长庆桥提供，中原乡单价为 0.8519 元/吨·千米、单井物资需求量为 263.4 吨、中原乡到长庆桥仓库的距离为 73 千米、乡镇井口数为 2 口，因此，中原乡年配送费用计算如下：

中原乡年配送费用 $= 0.8519 \times 263.4 \times 74 \times 2 = 33209.79$ （元）

因此，可以得到单个乡镇年配送费用的通式：

单个乡镇年配送费用 ＝（0.8519 元/吨·千米）×单井物资需求量（吨）×各乡镇到仓库的距离（千米）×各乡镇井数（口）

（2）油区年配送费用预测。在油田钻井物资配送系统中，油区年配送费用等于各井位到仓库配送费用之和。为更加真实准确地预测油区年配送费用，通过计算年钻井数量，采用随机模拟的方式将各个油区油井位置落到乡镇进行统计，所以油区年配送费用就等于各乡镇到仓库配送费用之和，预测模型如下：

油区年配送费用 = 各乡镇所需配送物资配送费用之和 = $\sum$（0.8519 元/吨·千米）× 单井物资需求量（吨）× 各乡镇到仓库的距离（千米）× 各乡镇井数（口）

通过对预测模型的求解，得出了油区年配送费用，如表6-6所示。

表6-6　该油田所辖各油区年配送费用　　　　　单位：万元

油区	年配送费用
镇泾油区	38.15
彬—长油区	56.05
旬邑—宜君油区	108.51
富县油区	142.15
总和	344.86

（二）单趟配送费用预测

该油田所辖各油区的钻井物资年配送费用预测完成后，将对由长庆桥仓库和金锁关仓库到4个油区内各乡镇地理中心的单趟配送费用进行预测。为提高油田企业人员对该方法的操作性，本节对单趟配送预测进行了可视化界面设计。

单趟配送费用预测的数据主要有配送路线的数据和道路等级的加权数据。

1. 配送路线

在百度地图的"驾车"界面，将起点设定为长庆桥仓库，终点设定为油区内的某一个乡镇，即可得到配送路线。操作界面如图6-2所示。

图 6 - 2　百度地图界面

通过查询，得到长庆桥仓库到镇泾油区平泉镇的配送路线如下：

（1）从起点到平定高速公路。

1）从起点向西北方向出发，行驶 1.2 千米，右转；

2）行驶 160 米，左转进入 S202；

3）沿 S202 行驶 820 米，稍向右转上匝道；

4）沿匝道行驶 960 米，直行进入福银高速公路；

5）沿福银高速公路行驶 360 米，直行进入平定高速公路。

（2）平定高速公路到终点。

1）沿平定高速公路行驶 30.3 千米，在泾川一号桥从泾川/罗汉洞/灵台/温泉出口离开稍向右转上匝道；

2）沿匝道行驶 890 米，右转进入 G312；

3）沿 G312 行驶 4.7 千米，左前方转弯；

4）行驶 150 米，右转；

5）行驶 19.6 千米，左转；

6）行驶 410 米，左前方转弯；

7）行驶 27.2 千米，右前方转弯；

8）行驶 450 米，右转；

9）行驶 70 米，到达终点。

重复上述的类似操作，统计得到长庆桥仓库和金锁关仓库到 4 个油区各乡镇的配送路线。

2. 道路等级划分

对获得的配送路线进行道路等级划分，为求各个仓库到各个乡镇的距离做数据准备。由于道路的等级不同，路面质量、道路宽度、最大行车速度等各不相同，不同的道路等级下的行驶速度也各不相同。通常情况下，道路等级越高，路况质量越好，路面宽度越宽，最大行驶限速越高，车辆在该路段上的通行时间就越短。根据交通量、使用性质等因素将道路划分为高速路、国道、省道、县道和乡道 5 个等级，并分别用字母 H、G、S、X 和 Y 表示。具体道路等级如表 6 - 1 所示。

按道路等级划分，对一条配送路线的配送距离进行整理统计，这里以长庆桥仓库到镇泾油区平泉镇的配送距离为例，$30.66 \times H + 4.7 \times G + 0.82 \times S + 51.11 \times Y$，此式表示长庆桥仓库到镇泾油区平泉镇要经过高速路、国道、省道和乡道的距离分别为 30.66 千米、4.7 千米、0.82 千米和 51.11 千米。

按照如上所述的方法对所有配送路线的配送距离进行整理统计。

3. 路径加权与配送费用预测

上面已经对单趟费用预测的主要数据进行了说明，这里将对单趟配送费用预测的方法进行说明。

在单趟配送费用预测中，每一个仓库到乡镇的地理中心都有 2 条配送路线，其中一条路线的路程最短，即从起点到终点的所有路线中最短的路线；另一条是非最短路但却通过性或者便利性好的路线，即尽量走高速路和国道等通过性较好的路线。以长庆桥仓库到镇泾油区平泉镇为例，其最短路和非最短路的配送路线如下（根据百度地图得到）：

（1）最短路配送路线。

1）从起点到 S202。

①从起点向西北方向出发，行驶 1.2 千米，右转；

②行驶 160 米，左转进入 S202。

2）S202 到终点。

①沿 S202 行驶 25.3 千米，右前方转弯进入 G312；

②沿 G312 行驶 5.0 千米，右前方转弯；

③继续沿 G312 行驶 7.6 千米，左前方转弯；

④行驶 150 米，右转；

⑤行驶 19.6 千米，左转；

⑥行驶 410 米，左前方转弯；

⑦行驶 27.2 千米，右前方转弯；

⑧行驶 450 米，右转；

⑨行驶 70 米，到达终点。

（2）非最短路配送路线。

1）从起点到平定高速公路。

①从起点向西北方向出发，行驶 1.2 千米，右转；

②行驶 160 米，左转进入 S202；

③沿 S202 行驶 820 米，稍向右转上匝道；

④沿匝道行驶 960 米，直行进入福银高速公路；

⑤沿福银高速公路行驶 360 米，直行进入平定高速公路。

2）平定高速公路到终点。

①沿平定高速公路行驶 30.3 千米，在泾川一号桥从泾川/罗汉洞/灵台/温泉出口离开稍向右转上匝道；

②沿匝道行驶 890 米，右转进入 G312；

③沿 G312 行驶 4.7 千米，左前方转弯；

④行驶 150 米，右转；

⑤行驶 19.6 千米，左转；

⑥行驶 410 米，左前方转弯；

⑦行驶 27.2 千米，右前方转弯；

⑧行驶 450 米，右转；

⑨行驶 70 米，到达终点。

对应的道路等级划分的路程公式为 $12.6 \times G + 25.3 \times S + 49.24 \times Y$ 和 $30.66 \times H + 4.7 \times G + 0.82 \times S + 51.11 \times Y$。为表示不同路径之间的差异程度，以便更好地反映不同路线之间的配送成本差异，根据车辆在不同道路上单位里程的油耗量来决定不同路段的权值，并进一步计算对应的路程和费用。计算出不同道路等级的权值如表 6-7 所示。

表 6-7　不同道路等级权值

道路等级	字母表示	权值
高速	H	0.7
国道	G	0.9
省道	S	1
县道	X	1.1
乡道	Y	1.2

此种预测方法将对每次单趟配送的两种路线的配送费用进行比较，并建议按花费较少的路线来进行配送，配送费用计算公式为：

$$C = p \times q \times \min(s_1, s_2) \tag{6-1}$$

其中，C 为配送费用；p 为吨千米运输费用，单位为元/吨·千米；q 为物资需求量，单位为吨；s_1 和 s_2 分别为最短路和非最短路的加权路程，单位为千米。

以长庆桥仓库到镇泾油区平泉镇配送 20 吨物资为例进一步详细说明单趟配送的预测方法。其具体的配送费用计算公式为：

$$C = 0.8519 \times 20 \times \min(12.6 \times G + 25.3 \times S + 49.24 \times Y, 30.66 \times H + 4.7 \times G + 0.82 \times S + 51.11 \times Y) = 1496.6861 （元）$$

其中，C 为配送费用；0.8519 为吨/千米运输费用；20 为物资需求量；$12.6 \times G + 25.3 \times S + 49.24 \times Y$ 和 $30.66 \times H + 4.7 \times G + 0.82 \times S + 51.11 \times Y$ 分别为最短路和非最短路的加权路程。由以上公式求得长庆桥仓库到镇泾油区平泉镇配送 20 吨物资的预计费用为 1496.6861 元。

五、油田所辖油区单趟配送费用
预测可视化界面设计

　　为进一步提高该优化模型的实用性和可操作性，利用 Matlab 软件将该模型和相应的求解算法包装成一个可视化界面，极大地简化了物资配送费用优化的过程。

（一）Matlab 简介

　　Matlab（矩阵实验室）是 MATrix LABoratory 的缩写，一款由美国 The Math Works 公司出品的商业数学软件。Matlab 是一种月于算法开发、数据可视化、数据分析以及数值计算的高级技术计算语言和交互式环境，为专业的计算机程序，用于工程科学的矩阵数学运算。Ma-lab 程序执行 Matlab 语言，并提供一个极其广泛的预定义函数库。Matlab 有易用性，平台独立性，拥有预定义函数、机制独立的画面和用户图形界面等特点，因而在实际生活中的诸多领域都得到了广泛的应用。Matlab 软件作为一种大型商业软件，不仅提供一些必要的矩阵运算函数，也为数据可视化提供了诸多方便。一个可发布的应用程序通常都需要具备一个友好的图形界面，基于这样的图形界面，用户不需要了解应用程序的内部机理就可以通过界面交互使得指定行为得以正确执行。

　　Matlab 可视化界面的设计一般有两种方法：一是直接通过编辑 M 脚本文件产生人机交互界面；二是通过 Matlab 图形用户界面开发环境——Graphieal User Interfaces Development Environment（GUIDE）来形成相应文件。这里的图形用户界面指由各种图形对象如按钮、文本框、菜单、图轴等控件对象构建的用户界面。在该界面上，用户可以用鼠标激活这些控件来创建界面对象，在属性编辑器中修改对象的属性，通过 Findobj 命令获取所需对象的句柄，编写相应的回调函数，完成图形用户界面的整个基本过程的设计。

Matlab 软件中的 Guide 为用户提供了一个方便高效的集成环境，所有 GUI 支持的用户控件都集成在这个环境中，并提供界面外观、属性和行为响应方式的设置方法。Guide 将用户保存设计好的 GUI 界面保存在一个 FIG 资源文件中，同时自动生成包含 GUI 初始化和组件界面布局控制代码的 M 文件，为实现回调函数提供了参考框架。

李伟等（2012）运用 GUI 实现了单缝衍射的仿真分析；郭卫刚等（2010）基于 Matlab 的 GUI 进行了飞机性能的可视化仿真系统开发。然而，相应的配送问题的界面化仿真优化平台的研究相对较少。徐静等（2005）利用 Matlab 语言强大的计算及图形可视化功能编制了渐开线圆柱齿轮传动的 Matlab 可视化设计应用软件，介绍了可视化界面及机械设计图表的 Matlab 变成技术。经实例验证，Matlab 可视化设计程序具有直观、高效和方便的特点。

（二）仓库到需求点的单趟配送费用预测可视化界面设计

仓库到需求点的单趟配送费用预测可视化界面主要包括输入和输出两部分。其中输入部分包括出发地、目的地和配送量；输出部分包括预计配送费用和配送路线参考方案。以下对各部分详细功能做具体说明：

1. 输入部分

（1）出发地：此次进行物资配送的仓库，用户选择"长庆桥仓库"或"金锁关仓库"即可。

（2）目的地：此次油井所在位置，目的地的格式为"油区—乡镇"，用户进行选择即可。

（3）配送量：此次配送出发地的发送量或目的地的接收量，用户只需输入阿拉伯数字即可（单位：吨）。

2. 输出部分

（1）预计配送费用：从用户所选择的"出发地"到"目的地"配送

用户输入的"配送量"所需的最小花费。

（2）配送路线参考方案：对应于最小花费所选择的配送路线。

以上对可视化界面的两个部分内容进行了说明，该可视化界面如图 6－3 所示。

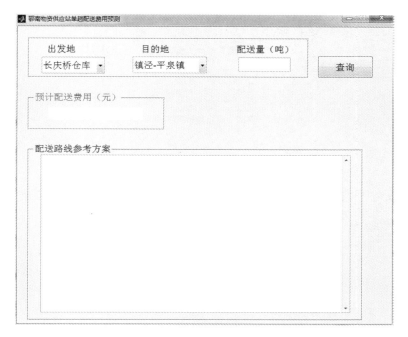

图 6－3　可视化界面

此可视化界面的使用方法是：选择"出发地"、"目的地"，并输入"配送量"，单击"查询"，待计算机计算完毕后，即可显示"预计配送费用"和"配送路线参考方案"。可视化界面使用说明如图 6－4 所示：

按照可视化界面的使用说明，以长庆桥仓库到镇泾—平泉镇为例，配送 20 吨的物资，经查询所得的预计配送费用和配送路线参考方案如图6－5 所示。

图 6－5 显示结果：从长庆桥仓库配送 20 吨物资到镇泾—平泉镇，图中"配送路线参考方案"所示的路线为较优路线，相应的运输费应为 1497 元。此可视化界面在离线状态也可正常使用。

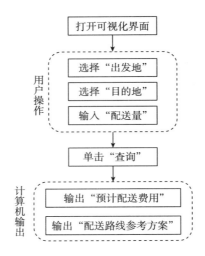

图6-4 可视化界面使用说明

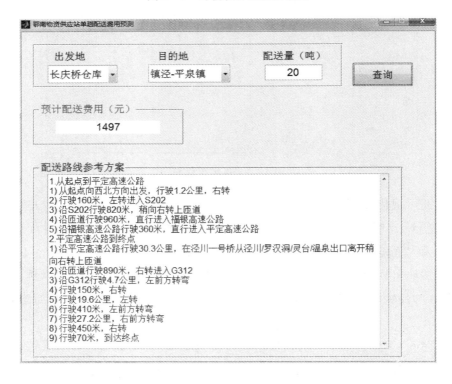

图6-5 可视化界面计算结果

六、本章小结

　　油田企业大多位于交通不便利的地区，物资配送过程涉及的道路复杂多样，为使建立的物资配送优化模型更加贴近实际，本章首先通过对不同道路赋予不同权重的方式将配送点与需求点之间的道路进行类别划分；其次将模拟出的各个井口位置按行政隶属关系规则进行聚类，明确各个井口所在的乡镇，并将各个乡镇的地理中心作为对应井口的物资需求点；最后建立物资配送费用优化模型。为进一步提高该优化模型的实用性和可操作性，利用 Matlab 软件将该模型和相应的求解算法包装成一个可视化界面，极大地简化了物资配送费用优化的过程。以中石化某油田企业的实际物资配送数据为例详细阐述了该优化方案的应用过程，优化结论表明，利用上述模型和算法对油田企业物资配送成本进行优化可有效降低配送成本。

第七章

油田物流系统经济效益评价

一、问题背景

　　随着供应链与物流产业的高速发展和国内外市场竞争的日益加剧，油田作为集采购、勘探、开发、配送和销售为一体的大型企业，不仅需要重视降低生产过程中的各项成本支出，同时对于物流系统中潜在的利润也需要给予足够的重视。然而，由于我国石化行业的垄断特性，使很多油田企业对物流系统中蕴含的巨大效益潜力还未能充分认识。王娟等和黄培清（2000）建立了物流绩效的财务评价指标体系。在评价方法选取方面，李玉明和王海宏（2006）运用数据包络分析理论评价企业物流系统的效率，并建立了相关的评价指标体系。魏新军（2003）建立了基于服务及成本的综合评价指标，运用模糊聚类法对物流系统进行评价。张铎和林自葵（2002）采用模糊理论对物流绩效进行评价并建立了评价模型。马红艳等（2003）利用效用理论对企业的物流系统和同行业的物流企业的绩效进行对比评价。黄福华（2003）利用层次分析法确定绩效指标的权重，在此基础上对物流系统的绩效做出了评价。综上，关于物流系统评价的研究成果大多针对普通企业，因此对于垄断性强、规模庞大的油田物流系统来说适用性不强。

本章依据物流经济学相关理论分析优化后的油田企业物流系统的活动效果，进一步明确油田物流系统中不合理的环节，为油田物流成本控制与管理提供新的思路。为方便阐述，依旧选取中石化某油田的物流系统优化项目数据为例，详细分析该油田物流系统经济评价的过程。

二、评价指标体系的构建

（一）中石化某油田仓储建设项目介绍

1. 中石化某油田仓储设施建设方案简介

该油田在鄂南区域设有 5 座仓库，包括咸阳市区 2 座、咸阳市长武县 1 座、平凉市泾川县 1 座，铜川市金锁关镇 1 座，仓库分布如图 7 - 1 所示。这些仓库主要负责甘肃的镇原、泾川、彬县、长武、旬邑、宜君、富县等地的油田物资供应。

根据前文的仓储选址结论，将咸阳市的 2 座仓库及长武仓库和泾川仓库共 4 座仓库合并到长庆桥仓库，该油田鄂南油区的配送现状将演变为金锁关仓库负责配送油区东部（富县、彬—长油区）的除油套管外的其他物资；长庆桥仓库负责配送油区西部（镇泾、旬邑—宜君油区）的所有物资和油区东部（富县、彬—长油区）的油套管，具体情形如表 7 - 1 所示。

参考第六章的结论，根据该油田仓储设施的设计规模，从该油田的勘探、开发规模和工区分散的实际情况出发，得出该油田需要在长庆桥设置一个新的仓储点，并且应以租赁当地已有物流园区的库房和场地为主要建库模式。

图 7 - 1　现有仓库分布

表 7 - 1　各仓库物资配送职责

仓库名称	物资种类	配送油区
咸阳中储钢材仓库	套管、油管及抽油杆等井下管材	整个鄂南油区
咸阳市北八道物流仓库	压裂砂及化学药剂等	整个鄂南油区
长武仓库	套管、油管及抽油杆等管材	彬—长油区
泾川仓库	压裂砂、抽油机及储油罐等	镇泾油区
金锁关仓库	压裂砂、抽油机及储油罐及化学药剂等	旬邑—宜君油区和富县油区

2. 中石化某油田仓储设施建设投资分析

物流基础建设项目总投资是指项目建设和投入运营所需要的全部投资，按照建设项目概算法进行分类，主要包括工程费用和其他费用，其中工程费用包括建设工程费用和设备购置费用，其他费用包括租赁费用和物资调度费用。具体划分过程如图 7 - 2 所示。

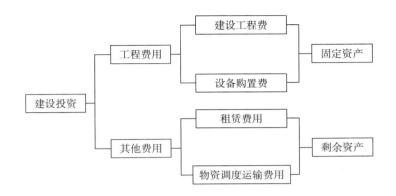

图7-2　中石化某油田仓储设施建设项目总投资构成要素及其资产形成

通过调研得出该油田的物流仓储基础项目建设投资共计779.68万元，其中工程租赁费用（包括库房、场地租赁费用）299万元，基础设施费用明细如表7-2所示。

表7-2　建设投资明细　　　　　　　　单位：万元

序号	设备名称及规格	预计费用
一	工程费用	105.68
（1）	外场地	5.00
（2）	办公区	23.41
（3）	住宿区	43.97
（4）	设备购置	25.00
（5）	职工餐厅及设备	8.30
二	新库房、场地改造费用	350.00
三	物资调度运输费用	324.00
四	合计	779.68

注：具体每项的估算表见本书附录。

3. 仓储项目评价期

为方便评价，在考虑该油田企业生产实际的基础上假定该油田仓储设施项目的使用期为15年，评价期定为6年。

（二）评价指标

根据《建设项目经济评价方法与参数》结合该油田企业实际生产经营指标统计口径，建立工程建设项目资金投入与产出指标。本小节建立的投入指标即是物流系统建设项目各项明细投资，考虑油田企业物流系统属于自身组织结构的一部分，其主要功能是提供服务且不直接产生利润，与第三方物流系统有很大的区别，因此，该物流设施没有直接涉及盈利的现金流；产出指标选取为优化后的物流系统与原有物流系统相比成本节约值及配送费用的节约值。

1. 选取原则

（1）系统性原则。按照国家现行的财务制度和税收制度，建立统一的评价指标，对物流系统建设项目发生的各项支出整体考虑。不应局限于某个环节的考察，应加强对整个物流系统成本控制及投入产出效率的考察。

（2）统计口径一致原则。效益和费用计算口径对应一致的原则。将效益与费用限定在同一范围内，效益和费用计算口径一致，以全面、准确地反映物流系统管理项目的投入产出情况。

（3）可操作性原则。指标的选取要考虑可操作性，指标的数量不能过多，也不能过少。指标选取过少容易造成评价不全面，选取过多容易造成数据不好量化，评价方法受限等问题。

（4）定量和定性分析相结合原则。评价指标的选取应满足定量分析过程、动态分析过程和全过程分析的需求。

2. 评价指标

选取油田仓储设施建设项目经营期各年的成本费用明细作为输入指标，将建设后物流系统的成本节约额为输出指标，参考该油田"十三五"发展规划，当考虑油田开发年产油量设计规模为 250×104 吨/年时，年均总成本费用为 7760.97 万元。由于原油产量递减规律，年固定成本同样呈现递减。另外，根据《中国石油天然气集团公司建设项目经济评价参数（2010 版）》有关规定，输油管道输送损耗率取 0.05%，管输费用按 71 元/

吨计算，则原油损耗费用约为 8.70 万元/年。

（1）输入指标。

1）运输费用：物资供应中心发生的主要费用源于为油田生产工作配送物资需要支付给第三方的物流运输费用。其中运输价格按 0.8519 元/吨·千米，年运输费用计算方法为 0.8519 元/吨·千米 × 物资需求量（吨）× 配送距离（千米）。

2）人工费：原有仓储供应站员工人数如下：站长 1 人，副站长 1 人，正式员工 7 人，劳务工 33 人。系统优化后的人工减员为 28 人，正式员工一年的工资福利费按 8 万元考虑，非正式员工一年的工资福利费按 4 万元计算。照此方法计算得出一年的人工费用为 9 × 8 + 19 × 4 = 148 万元/年，其中考虑了物价的上涨因素。

3）折旧费：项目的固定资产总和为 360 万元，折旧年限为 15 年，净残值率按 0 计算。

4）修理费：项目运行前 5 年因预计运行状况良好，修理费按固定资产原值的 1% 计提，故前 5 年修理费约为 2.11 万元/年；此后，随着运行年限的增加，大修费按 2.5% 计提，从第六年起修理费约为 5.28 万元/年。

5）其他运营费用是指输油作业成本中除以上费用外的其余部分，以定员为基础计算。系统优化后项目其他运营费用为：项目全部定员（28 人）× 其他运营费用定额（1500 元/年）= 4.2 万元/年。

6）管理费用是指企业为管理和组织整个物资配送过程而发生的各项费用。其中管理费用按照 1.5 万元/人·年计算，即 28 人 × 1.5 万元/年 = 42 万元/年；无形资产按 10 年摊销，净残值为 0。

（2）输出指标。

1）成本节约额：按照以上计算可得出评价期内各年成本费用支出情况，优化后系统与原有系统相比，成本费用的节约即为潜在产出的利润。

2）配送费用节约额：系统优化后可将路径与物资配送的效率最大化，从而选取成本最小的配送路线及对应的物资。在这里可将配送费用的节省额视为产出指标。

三、物流成本控制评价

（一）投资回收期

静态投资回收期（简称回收期）是指以投资项目经营净现金流量抵偿原始总投资所需要的全部时间。本书将现有仓库（见表 7-3）和优化后的仓库（见表 7-4）物流成本的差额（即节约额，见表 7-5）当作投资回收额进行计算，以建设总投资（见表 7-2）779.68 万元为项目投资标准，通过静态回收期计算公式，即静态投资回收期＝（累计净现金流量开始出现正值的年份数－1＋上一年累计净现金流量的绝对值）/出现正值年份的净现金流量，由此可知，静态投资回收期为 3.13 年。

表 7-3　现有仓库 2015～2020 年各年度成本费用　　单位：万元

项目	合计	2015～2020 年各年度详细成本费用					
		2015 年	2016 年	2017 年	2018 年	2019 年	2020 年
运输费用	2431.45	558.56	528.95	500.14	260.84	291.48	291.48
工成本	1573.98	204.00	224.40	246.84	271.52	298.68	328.54
折旧费	144.00	24.00	24.00	24.00	24.00	24.00	24.00
修理费	43.20	3.60	3.60	9.00	9.00	9.00	9.00
其他运营费用	37.80	6.30	6.30	6.30	6.30	6.30	6.30
管理费用	630.00	105.00	105.00	105.00	105.00	105.00	105.00
租赁费用	3060.86	450.00	472.50	496.13	520.93	546.98	574.33
合计	7921.30	1351.46	1364.75	1387.41	1197.60	1281.43	1338.65

表 7 - 4　2015 ～ 2020 年优化后的仓库成本费用　　单位：万元

项目	合计	2015 ～ 2020 年各年度详细成本费用					
		2015 年	2016 年	2017 年	2018 年	2019 年	2020 年
运输费用	1591.28	344.94	355.55	332.78	173.71	192.15	192.15
人工成本	1141.91	148.00	162.80	179.08	196.99	216.69	238.36
折旧费	157.50	26.25	26.25	26.25	26.25	26.25	26.25
修理费	29.54	3.94	3.94	3.94	3.94	3.94	9.84
其他运营费用	25.20	4.20	4.20	4.20	4.20	4.20	4.20
管理费用	420.00	70.00	70.00	70.00	70.00	70.00	70.00
租赁费用	3258.12	479.00	502.95	528.10	554.50	582.23	611.34
合计	6623.55	1076.33	1125.69	1144.35	1029.59	1095.45	1152.13

表 7 - 5　2015 ～ 2020 年优化前后成本节约差额　　单位：万元

年份	2015	2016	2017	2018	2019	2020
优化前	1351.46	1364.75	1387.41	1197.6	1281.43	1338.65
优化后	1076.33	1125.69	1144.35	1029.59	1095.45	1152.13
节约额	275.13	239.06	243.06	168.01	185.98	136.52

（二）总成本节约

根据该油田"十三五"规划的相关数据及财务指标计算方法可知未来 6 年该物流设施优化前后的年度成本费用数据（见表 7 - 3 和表 7 - 4），将优化前后年度成本数据对比可知，年度成本节约额及成本变化幅度（见表 7 - 5 和图 7 - 3）。将未来六年的成本数据对比可以看出，原有仓储设施实施优化后即合并为两个仓储点，优化后的物流成本均低于原有仓库的总成本。同时，由折线图（见图 7 - 3）可知，优化后的物流总成本虽有波动，但幅度较小。因此可知优化后的物流系统可节省约 200 万元/年的成本费用，且优化的物流系统成本费用较稳定，说明该项目的物流总成本控制效果较好。

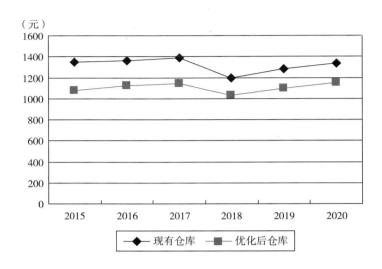

图 7-3　各年度物流总成本对比

综上，该油田将现有仓库布局进行了优化重组后，即将咸阳、泾川、长武仓库进行合并重新选址，不仅解决了当前管理上的困难，而且大大降低了当前的物流成本，即运输费用、管理费用、租赁费用、人工成本、折旧费、修理费以及其他运营费用。以 2015 年为例，仓库合并前的物流成本为 1351.46 万元，仓库合并后的物流成本为 1076.33 万元，节省了275.13 万元，由此可见，成本的节约不仅是资金的有效利用，也是因为减少了库存积压、组织结构臃肿、管理混乱所带来的损失所致。

（三）配送成本节约

1. 单趟配送成本节约

配送成本，即完成配送活动（或配送任务）所需付出的代价。本书在第六章对该油区物资单趟配送费用进行核算并求出了满意的物资配送路线。整个求解过程如下：首先，罗列各种可行的物资运输路线；其次，计算依照各运输路线进行物资配送时所需要的配送费用；最后，对上述各种运输路线下的运输费用作比较，选择运输费用最小的运输路线作为最终的物资配送路线。本书的仓库到各井位所在的乡镇可走的运输路线有两类：路径最短路线和非最短路线（通达性优先的路线），其中最短路线是由仓库到井位所在的乡镇可走的路程中最短的运输路线。

以长庆桥仓库到镇泾油区平泉镇配送 20 吨物资为例详细阐述单趟配送成本核算过程，配送费用的计算按第六章所述方法。最短路线配送费用和非最短路线的配送费用可按照如下方法计算：

（1）最短运输路线的配送费用为：

$$C_1 = 0.8519 \times 20 \times (12.6 \times G + 25.3 \times S + 49.24 \times Y) = 1631.0137 (元)$$

（2）非最短运输路线的配送费用为：

$$C_2 = 0.8519 \times 20 \times (30.66 \times H + 4.7 \times G + 0.82 \times S + 51.11 \times Y) = 1496.6861 (元)$$

在本案例中，按照配送需用最小的目标选出的配送路径为最佳运输路线。这个结果使得由长庆桥仓库到镇泾油区平泉镇配 20 吨物资的单趟配送费用可节约 134.3276 元。按照该油田未来 5 年的生产计划，该油区将在 2015～2017 年分别钻井 144 口、151 口和 142 口，按照该公司在该油区钻井的经验数据得知，每口钻井平均需要主要物资 263.4 吨，为了保证生产计划的正常实施，油田物流系统需要在 2015～2017 年向该油区的各油井需求点运送物资 115105.8 吨，在如此大宗物资配送任务下，对配送路径的优化将会大大降低配送成本。

2. 配送总成本节约

按照前文介绍的配送成本计算方法，优选配送路径计算配送距离，根据该油田提供的相关物资数据计算配送费用，得到 2015～2020 年该油田生产所需物资从现有仓库进行配送的成本费用如表 7-6 所示。

表 7-6　2015～2020 年现有仓库年物资配送费用　　单位：万元

年份	2015	2016	2017	2018	2019	2020
配送费用	744.74	705.26	666.85	347.78	388.64	388.64

根据前文的仓储选址结论，若将咸阳市的 2 座仓库、长武仓库和泾川仓库共 4 座仓库合并到长庆桥仓库，该油田的物资配送情况将演变为金锁关仓库负责配送油区东部（富县、彬—长油区）的除油套管外的其他物资；长庆桥仓库负责配送油区西部（镇泾、旬邑—宜君油区）的所有物资和油区东部（富县、彬—长油区）的油套管物资。优化后的仓库负责运输的物资及路线都有相应的改变，必将产生不同的运输费用，将优化后各年的配送费用列出如表 7 - 7 所示。

表 7 - 7　2015 ~ 2020 年优化后的仓库年物资配送费用　单位：万元

年份	2015	2016	2017	2018	2019	2020
配送费用	344.94	355.55	332.78	173.71	192.15	192.15

将表 7 - 6 和表 7 - 7 两个物资配送表格对比可知，将咸阳市的 2 座仓库、长武仓库和泾川仓库 4 座仓库合并到长庆桥仓库后，物资配送费用减少近一半。合并仓库不仅能降低配送费用，还能对油田企业产生如下优势：

（1）精减配送管理人员，降低管理费用。

（2）统一采购，避免重复存储，减轻仓库负担。

（3）方便统一管理，提高工作效率。

（4）统一制定管理标准，方便监督、考核，提高员工工作主动性。

四、基于DEA方法的油田企业物流系统规模效益分析

数据包络分析法（Data Envelopment Analysis，DEA）是一种基于线性

规划理论的模型，是基于被评价对象间相对比较的非参数技术效率分析方法，由美国的 Charnes、Cooper 和 Rhodes 等首次提出的。它把单输入、单输出的概念推广到多输入、多输出同类决策单元的有效性评价中。运用输入、输出数据可以建立非参数的最优化模型，确定以投入最小、产出最大为目标的帕累托最优解构成的生产前沿面。判断决策单元的 DEA 有效性本质上就是判别是否处在生产可能集的前沿面上。由于 DEA 具有适用范围广、原理相对简单的特点，特别是在分析多投入多产出的情况时具有特殊优势，因而其应用范围拓展迅速，广泛应用于教育、农业、环境、宏观经济、金融、税务、医疗卫生、体育、公共交通、电力、邮政、电信、物流、军队、企业管理等。

　　DEA 的基本模型是 CCR 模型和 BCC 模型，以投入为导向的 CCR 模型是以规模收益不变为假设前提，而现实是决策单元处于不同的规模报酬阶段，有可能是递增，也有可能是递减，因此，需进一步用规模报酬可变条件下的 BCC 模型评价决策单元的投入产出效率。

（一）　CCR 与 BCC 模型

　　DEA 模型通常由技术效率测定，技术效率是指一个生产单元的生产过程达到该行业技术水平的程度，技术效率反映一个生产单元技术水平的高低，可以从投入产出两个角度来衡量，在投入既定的情况下技术效率由产出最大化的程度来衡量，在产出既定的情况下技术效率由投入最小化的程度来衡量。技术效率可通过产出/投入的比值来定量测量，当生产过程仅涉及一种投入和一种产出时，可以计算各生产单元的产出/投入比值，即每消耗一个单位的投入所生产的产品数量来反映各生产单元技术效率的高低。如果将各单元的产出/投入比值除以其中最大值，就可以将产出/投入比值标准化为 $0 \sim 1$ 的数值，这样可以更好地反映被评价单元与最优单元之间技术效率的差距。

　　假设有 n 个决策单元、m 个输入指标、s 个输出指标，如果以第 j_0 评价决策单元的输入、输出的线性组合之比小于或等于 1 为约束条件，则可以构成一个综合效益评价的 DEA 计算模型，具体形式如下：

$$\max_{u,v} h_0 = \frac{(U^T Y_J)}{(V^T X_0)}$$

s. t.　$\dfrac{(U^T Y_J)}{(V^T X_J)} \leqslant 1,$

$U^T = (u_1,\ u_2,\ u_3,\ \cdots,\ u_s)^T \geqslant 0$

$V^T = (v_1,\ v_2,\ v_3,\ \cdots,\ v_s)^T \geqslant 0$

$j = 1,\ 2,\ 3,\ \cdots,\ n$　　　　　　　　　　（7-1）

式中，X_j 和 Y_j 分别表示第 j 个评价决策单元的输入量和输出量；X_0 和 Y_0 分别表示被评价决策单元的输入量和输出量；v_i 和 u_r 分别表示第 i 种输入和第 r 种输出的权重。

1. CCR 模型

Charnes、Cooper 和 Rhodes 创立了 DEA 理论方法。在后来相关 DEA 的文献中，将 Charnes、Cooper 和 Rhodes 三人的姓氏首字母来命名他们创立的 DEA 模型，即 CCR 模型。CCR 模型假设规模收益不变，得出的技术效率包含了规模效率成分，因此通常称为综合技术效率。

DEA 将效率的测度对象称为决策单元（DMU），决策单元可以是任何具有可测量的投入、产出的部门，单位包括厂商、学校、医院、项目执行单位或者个人如教师、学生、医生等，DMU 之间应该具有可比性。

将以上模型运用线性规划对偶理论转化成对偶规划问题得到基于输入输出的具有非阿基米德无穷小的 CCR 模型为：

$$\min z = \theta - \varepsilon(e^T s^- + e^T s^+)$$

s. t.　$\displaystyle\sum_{j=1}^{n} X_j \lambda_j + s^- = \theta X_0,$

$\displaystyle\sum_{j=1}^{n} Y_j \lambda_j - s^+ = Y_0,$

$s^- \geqslant 0,\ s^+ \geqslant 0,\ j = 1,\ 2,\ 3,\ \cdots,\ n$　　　　（7-2）

设模型里最优解为 θ^*、λ_j^*、s^{*-} 和 s^{*+}。θ^* 越小表示投入可以缩减的幅度越大，效率越低。若 $\theta^* = 1$，DEA 弱有效，若 $\theta^* = 1$、$s^{*-} = s^{*+} = 0$

则说明被评价的决策单元位于生产前沿面上，在不减少产出的条件下，各项投入没有等比例下降的空间，处于技术有效的状态，说明决策单元 DEA 有效，即综合技术规模有效率。若 $\theta^* < 1$，说明决策单元 DEA 无效，即综合技术规模无效率，在不减少产出的条件下，各项投入可以等比例下降。

这一非线性规划模型的含义在于，在使所有 DMU 的效率值都不超过 1 的条件下，使被评价 DMU 的效率值最大化，因此模型所确定的权重是对被评价决策单元最有利的，从这个意义上讲，CCR 模型是对被评价决策单元无效率状况做出的一种保守估计，因为它采用的权重是最有利于被评价者的，采用其他任何权重得出的效率值都不会超过这组权重得出的效率值。

CCR 模型根据参数和假设条件不同可以分为产出导向的 CCR 模型和投入导向的 CCR 模型。基于规模收益不变的原因在于，假设一项生产技术的规模收益不变，在技术效率保持不变的条件下，如果一个决策单元的投入变为原来的多少倍，那么产出也会相应地变成原来的多少倍，在规模收益不变的假设下，技术效率也保持不变。投入导向的 CCR 模型前沿面为凸向原点的凹多面体顶面，产出导向的 CCR 模型的前沿为凹向原点的凸多面体顶面。DEA 测度的效率为相对效率，是被评价决策单元相对于领先决策单元的效率，可比较出各决策单元的效率大小排序。

2. BCC 模型

CCR 模型假设生产技术的规模收益不变，或者虽然生产技术规模收益可变，但假设所有被评价 DMU 均处于最优生产规模阶段，即处于规模收益不变阶段。但实际生产中，许多生产单位并没有处于最优规模的生产状态，因此 CCR 模型得出的技术效率包含了规模效率的成分 DEA 模型的提出对于 DEA 理论方法具有重要意义，在此后的相关文献中，将 Banker、Charner 和 Cooper 三人的姓氏首字母命名为他们创立的 DEA 模型，称为 BCC 模型。BCC 模型基于规模收益可变（Variable Returns to Scale，VRS）得出的技术效率排除了规模的影响，因此称为纯技术效率（Pure Technical Efficiency，PTE）。

BCC 模型在 CCR 对偶模型的基础上增加了约束条件，其作用是使投影点的生产规模与被评价 DMU 的生产规模处于同一水平。基于投入导向的 BCC 模型的线性规划式表示为：

$$\min \theta - \varepsilon \sum (s^- + s^+)$$

$$\text{s. t.} \quad \sum_{j=1}^{n} \lambda_j x_{ij} + s_i^- = \theta x_{ik}$$

$$\sum_{j=1}^{n} \lambda_j y_{rj} - s_r^+ = y_{rk}$$

$$\sum_{j=1}^{n} \lambda_j = 1$$

$$\lambda \geqslant 0; s^- \geqslant 0; s^+ \geqslant 0$$

$$i = 1, 2, \cdots, m; r = 1, 2, \cdots, s; j = 1, 2, \cdots, n \qquad (7-3)$$

式中，最优解 θ^* 为效率值，ε 为阿基米德无穷小，实际计算一般为 10^{-5}、s^- 和 s^+ 分别为投入或者产出可能出现的松弛变量。

（二）DEA 规模效益分析方法

CCR 模型假设规模收益不变，得出的技术效率（Technical Efficiency, TE）包含了规模效率（Scale Efficiency, SE）的成分，通常被称为综合技术效率。BCC 模型得出的技术效率排除了规模的影响，因此被称为纯技术效率（PTE）。通过计算 CCR 模型得出的效率值与 BCC 模型得出的效率值的比值即可得出分离出的规模效率值（SE），即 $SE = \dfrac{TE}{PTE}$。

假设有 4 个 DMU，均只有 1 种投入和 1 种产出，如表 7-8 所示：

表 7-8　DMU 假设

DMU	x	y
A	1	1
B	1.5	2
C	3.5	2.5
D	4	3

如图 7 - 4 所示，CCR 模型构建的生产前沿面为射线 OB、BCC 模型构建的生产前沿面为 MABD。在 CCR 模型中，B 是唯一 DEA 有效的决策单元，B 以下的部分规模小于 B，且 $\sum_{j=1}^{n} \lambda_j < 1$。在 BCC 模型中，A、B、D 是 DEA 有效的决策单元，则 B 的规模效率为 1，A、D 的规模效率小于 1，因此可以通过规模效率简化上述规模收益状态的判断方法：

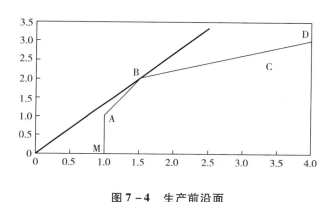

图 7 - 4　生产前沿面

（1）规模效率等于 1，被评价决策单元处于规模收益不变阶段。

（2）规模效率小于 1 且 CCR 模型的所有最优解中，存在一个解 $\sum_{j=1}^{n} \lambda_j$ 小于 1，被评价决策单元处于规模收益递增阶段。

（3）规模效率小于 1 且 CCR 模型的所有最优解中，存在一个解 $\sum_{j=1}^{n} \lambda_j$ 大于 1，被评价决策单元处于规模收益递减阶段。

（三）基于 DEA 的中石化某油田物流系统投入产出效率评价

根据 2015～2020 年核算的成本数据，可知该油田物流优化建设项目的总投资为 779.68 万元，假设该设施的使用期为 15 年，则在评价期内各年均摊的投资为 51.98 万元。将各年度设为一个独立的决策单元，取年度分摊投资和年度经营费用为 DEA 的输入指标，年度成本节约和配送成本节约为其输出指标，如表 7 - 9 所示。

表 7 – 9　评价指标数据　　　　　　　单位：万元

类别	名称	2015 年	2016 年	2017 年	2018 年	2019 年	2020 年
输入指标	分摊投资	51.98	51.98	51.98	51.98	51.98	51.98
	运输费用	344.94	355.55	332.78	173.71	192.15	192.15
	人工成本	148	162.8	179.08	196.99	216.69	238.36
	折旧费	26.25	26.25	26.25	26.25	26.25	26.25
	修理费	3.94	3.94	3.94	3.94	3.94	9.84
	其他运营费用	4.2	4.2	4.2	4.2	4.2	4.2
	管理费用	70	70	70	70	70	70
	租赁费用	479	502.95	528.1	554.5	582.23	611.34
输出指标	经营成本节约	275.13	239.06	243.06	168.01	185.98	186.52
	配送费用节约	399.8	349.71	334.07	174.07	196.49	196.49

　　运用 DEA 方法中的 CCR 模型和 BCC 模型进行中石化某油田物流系统投入产出效率评价的结果列于表 7 – 10 中，由该评价结果可知，考虑规模收益不变条件下，即 CCR 模型中，该物流系统在 2016～2018 年的综合技术效率无效，而在规模收益可变条件下，即 BBC 模型中，该物流系统的纯技术效率全部有效。这说明该物流系统处于规模报酬递增阶段，可以通过加大投入或者在当前投入规模下，进一步改进物流技术条件以提高该油田物流系统的运营效率。

表 7 – 10　DEA 效率评价结果

年份	综合技术效率（CCR）	纯技术效率（BCC）	规模收益状态（RTS）
2015	1.0000	1.0000	规模报酬不变
2016	0.8747	1.0000	规模报酬递增
2017	0.9068	1.0000	规模报酬递增
2018	0.9991	1.0000	规模报酬递增
2019	1.0000	1.0000	规模报酬递增
2020	1.0000	1.0000	规模报酬不变

五、本章小结

本章对油田物流系统优化项目涉及的仓储选址、物资配送路径优化的效果进行经济效益分析和评价。首先，以中石化某油田企业的物流系统为例，根据经济评价相关参数及财务成本指标核算出评价期内的年度建设投资、经营费用明细数据。其次，对该油田物流建设项目实施效果进行经济效益分析，具体包括核算各年度的成本控制效果以及运用 DEA 模型的相关理论对评价期该物流系统各年度投入产出效率进行分析。

从成本节约的角度核算出该物流建设项目的投资回收期为 3.13 年，在评价期内每年可节省物流成本约 200 万元，且优化后的系统每年经营费用支出较稳定，配送成本大大降低。从资金投入角度建立了 DEA 模型的输入、输出指标体系，通过采用 CCR 模型对该物流系统的效率进行评价可知，该物流系统在 2016～2018 年的综合技术效率无效；通过采用 BCC 模型对该物流系统的效率进行评价可知，该物流系统在当前投入条件下纯技术效率有效。因此，综合上述结论可知，该物流系统正处于规模报酬递增阶段，应加大资金投入并改善物流管理的技术，以获得较高的规模效益。通过以上经济评价可进一步揭示出油田物流系统优化的经济效益，从而转变油田企业物流管理的观念，提高企业对物流系统的重视程度，并明确油田物流系统中不合理的环节，为油田物流成本控制与管理提供新的思路。

第八章

总结与展望

一、结论总结

　　物流系统是一个非常复杂的物资供应系统，包括宏观物流产业服务体系及微观企业的物资采购、配送、销售等物流活动。物流系统优化的经济学意义在于用数学模型研究物流活动各环节最有效的要素分配，寻求空间与时间维度下资源配置效率的最大化。本书以油田企业的物流系统作为研究对象，以物流经济学和最优化理论为基础，采用多种预测、评价、建模和优化方法为基本工具，分别对油田物流系统内的物资需求规律预测、不确定性需求下的仓储选址问题和路径加权下的物资配送费用优化问题进行研究，结合中石化某油田企业的实际数据详细阐述了各种预测、优化、评价模型和相关求解算法的实际应用。对优化后的油田企业物流系统进行了经济性的评价。本书的研究结论主要列出如下：

　　根据影响油田企业物资需求规律的不同因素将油田物资分门别类，据此为每类物资的需求规律建立了以基于遗传优化的可变学习率小波神经网络模型为主的预测方法。该方法通过小波分析与神经网络嵌套的方式构建了小波神经网络预测模型，由于小波神经网络能够通过调整小波系数使网络具有更强的函数逼近能力，特别是在突变点上的预测能力上要大大优于传统神经网络，因而有效地弥补了传统神经网络易陷入局部极小的缺陷。为进一步提高小波神经网络预测模型的训练速度和预测精度，减少网络震荡，利用遗传算法对神经网络的初始权值和小波系数进行了优化，通过可变学习速率更新网络权值，有效地提高了网络的预测性能。以中石化某油田企业为例详细阐述了该预测方法的应用。实证结论表明，上述预测方法可以对油田企业物资中资金占比超过71.13%的物资进行预测，预测误差小于1%。研究结论能大大提高油田生产经营过程中的关键物资需求预测的准确性，从而可以有效指导采购行为，对于减少库存中大额物资的储备、保证供应具有重要的实践指导意义。

由于是一个中长期决策，在进行仓储选址时，大量油井位置尚未确定，为提高仓储设施在将来的经济性和服务性，首先结合油田企业的生产计划，通过蒙特卡罗随机模拟的方法产生井口数量和位置，得到各油井所需物资数量。继而为获得油田企业仓储设施的合理候选点，建立一个二级连续选址模型，构建精确算法求出最优解。为提高大规模连续选址模型的求解效率，通过将 Matlab 软件中内嵌的 Fmincon 函数嵌入遗传算法中构建了改进遗传算法，该算法利用 Fmincon 函数对该问题进行局部搜索，把得到的局部最优解作为新的个体融入遗传算法的种群中参与进化。因此，该算法不但综合了遗传算法全局搜索的优点，也利用 Fmincon 函数增加了局部搜索的能力，有效地提高了求解精度。以求得的连续选址模型的解为圆心，通过逐步扩大半径长度（以每千米为步长）的形式在地图上画圆，直到该圆形区域内出现足够的可行仓储候选点为止（中石化某油田案例中确定的半径长度为30千米，此时圆形区域内包含了7个可行仓储候选点）。以中石化某油田企业仓储选址的实际问题为例进行了验证，结论表明，上述模型和算法确定的仓储位置符合企业的实际需求，为大多数油田特别是新开发油田的仓储选址提供了新的思路。

建立了油田仓储选址的评价指标体系，具体包括运输成本因素、交通因素、区域因素、社会因素、公共服务和自然因素。在此指标体系下，构建了基于层次分析法的油田仓储选址评价模型，并给出了最优评价方案。

油田企业大多位于交通不便利的地区，物资配送过程涉及的道路复杂多样，增加了油田企业物资配送费用优化模型建立的难度，为使建立的配送费用优化模型更加贴近油田企业生产经营的实际，通过对不同道路赋予权重的方式划分类别，继而将各个模拟井口位置按行政隶属关系规则聚类，建立路径加权条件下的物资配送费用优化模型，可以有效降低油田企业物资配送成本。

根据物流经济学理论对油田物流系统进行了经济评价，分析了优化后物流系统的活动效果。以各项成本费用为投入指标，优化后的物流系统的成本节约值为输出指标，建立了基于数据包罗分析方法的油田企业物流系统投入产出经济效率评价模型，以中石化某油田企业的物流系统为例详细阐述了该评价方法的应用。通过以上经济评价可进一步揭示油田物流系统优化的经济效益，从而转变油田企业物流管理的观念，提高企业对物流系统的重视程度，并明确油田物流系统中不合理的环节，为油田物流成本控制与管理提供新的思路。

二、研究展望

尽管本书对油田企业物流系统优化和经济评价进行了比较深入的研究，并取得了一些成果，但由于油田企业实际生产经营过程中的数据量小、记录误差多、缺失严重等客观问题和研究领域的局限等主观问题，使得研究依然存在着诸多局限性，具体体现在以下方面：

油田企业物流系统是一个系统工程。以油田企业物流系统中的物资需求预测、仓储选址和配送路径优化三个主要方面为切入点并贯彻始终，缺乏对整体物流系统集成性的考虑。后续的研究可在此基础上将优化整合过程逐步拓展到整个油田物流系统，构建起油田物流系统协同优化模型来定量描述整合后的物流系统和各物流子系统之间的数量变动关系，以达到真正意义上的协同优化。

油田企业仓储选址是一个中长期决策，在进行仓储选址时，大量油井的实际位置尚未确定，仍处于勘探阶段。在仓储选址前需要对未来一定时期内的油井数量和位置进行合理的预测，而油井数量和位置的预测受到诸多因素的影响，如地质结构、投资计划、生产能力等，因而预测难度较大。从油田工作的实际出发，在仓储选址过程中，从理论上建立了基于蒙特卡罗随机模拟的预测方法，根据油田企业的生产计划合理预测了未来一定计划期内油井的数量和位置，为后续仓储选址模型的建立打下了基础，但预测油井数量和位置的准确性还需要实践的验证。另外也可以尝试其他的随机性预测方法来构建不确定性的油井预测模型。

附　录

附表1　中石化某油田企业各模拟需求点到候选仓库的距离

单位：千米

油区	乡镇	长武	彬县	旬邑	宁县	正宁县	泾川	长庆桥	金锁关
镇泾	镇原县内	102.9	126	160	93.7	145	61.2	89.3	255
镇泾	平泉镇	96.1	119	153	115	164	51.1	87.7	274
镇泾	南川乡	100.5	124	157	91.3	142	58.6	86.7	252
镇泾	屯字镇	81.8	105	138	69.5	121	41.2	64.9	230
镇泾	中原乡	82.2	105	139	112	150	37.2	74	260
镇泾	曙光乡	77.2	100	134	75.7	127	35.3	68.8	237
镇泾	索罗乡	73.3	96.5	130	111	141	29.8	66.4	251
镇泾	白水镇	83.8	107	141	121	152	38.8	75.4	261
镇泾	玉都镇	65.3	88.5	122	91.4	133	20.7	57.3	243
镇泾	合道乡	59.8	83	116	96.8	127	14.2	50.8	237
镇泾	红河乡	69.8	93	127	64.8	127	33.1	42	226
镇泾	丰台乡	40.4	63.5	97	77.9	108	7.4	47.4	218
镇泾	党原乡	68	91.2	125	98.4	136	23	59.6	245
镇泾	王村镇	126.9	86.7	120	101	132	18.4	55.1	241
镇泾	罗汉洞乡	35.9	59.1	93	72.9	104	11.1	27	213
镇泾	太平乡	45.7	134	103	90	114	12.9	44.1	223
镇泾	泾川县内	47.7	70.9	105	85.2	116	2.4	39.3	225
镇泾	柏树乡	66.8	90	124	104	135	21.5	58.4	244

油区	乡镇	长武	彬县	旬邑	宁县	正宁县	泾川	长庆桥	金锁关
镇泾	崇信县内	80.4	104	137	118	148	35.1	72	258
镇泾	木林乡	90.5	104	147	128	149	45.2	82.1	268
镇泾	花所乡	74.8	98	132	112	143	29.8	66.4	252
镇泾	汭丰乡	58.6	81.8	115	96.2	127	13.3	50.2	236
镇泾	上肖乡	66.7	89.9	124	68.6	120	30.1	50.1	230
镇泾	开边镇	119.7	143	177	111	162	77.9	106	272
彬一长	和盛镇	42.7	65.9	100	29.5	80.8	53.2	19.5	190
彬一长	太昌乡	37.1	60.3	94	35.1	86.4	47.8	14.2	196
彬一长	新开乡	46	68.9	103	105	113	64.3	66.5	218
彬一长	地掌乡	4.7	27.7	61	57.1	68.8	46.1	26.9	178
彬一长	相公镇	15.1	20.9	55	44.5	56.2	57.2	37.9	166
彬一长	冉店乡	12.8	11.3	45	57.6	69.3	57.8	38.5	165
彬一长	巨家镇（路家乡）	27.7	12.7	46	70.2	90.3	72.9	53.6	167
彬一长	亭口乡	20.4	4.2	38	61.3	73	65.7	46.4	158
彬一长	车家庄乡	37.9	16.5	44	78.9	90.6	82.5	63.3	163
彬一长	早胜镇	42.4	47.2	81	18.1	38.1	84.3	65.1	146
彬一长	中村乡	37.6	42.5	76	23.4	41.9	78.8	59.6	151
彬一长	周家乡	34.8	39.6	70	37.1	36.4	76.8	61.4	146
彬一长	西坡乡	78.6	83.5	98	57.8	6.3	120	100	109
彬一长	北极镇	56.6	33.3	44	63.9	61.8	83.6	89.7	139
彬一长	义门镇	52.2	28.8	39	69.4	67.1	96.1	84.1	144
彬一长	良平乡	51.6	56.4	90	24.4	27.1	93.4	73.2	137
彬一长	宫河镇	41.4	46.2	77	38.5	30.4	83.1	63.9	140
彬一长	永乐镇	46.6	44.6	51	69	50.1	88.7	69.4	127
彬一长	小章镇	48.9	25.5	31	87.9	76.4	94	74.8	132
彬一长	新堡子乡	48.7	25.4	21	89.7	96.1	93.7	74.4	142
彬一长	榆林子镇	54	58.9	75	51.1	18.1	95.1	75.8	129
彬一长	底庙镇	76	52.7	51	69.8	42.1	96.7	77.4	119
彬一长	永正乡	60.1	64.9	81	57.2	11.5	102	82.4	122

续表

油区	乡镇	长武	彬县	旬邑	宁县	正宁县	泾川	长庆桥	金锁关
彬—长	永和镇（永和乡）	74.7	66.1	63	71.8	39.4	117	97.6	106
彬—长	湫坡头镇	71.9	48.5	31	88.5	61.1	116	96.7	106
彬—长	显胜乡	77.4	101	134	52.3	104	72.6	54.5	214
彬—长	长庆桥镇	26.2	49.4	83	49	94.1	37.6	0	204
彬—长	窑店镇	13	36.2	70	62.1	81	34.6	16.4	108
彬—长	洪家镇	6.7	29.9	64	63	74.7	39.9	20	184
彬—长	新庄镇	38.1	61.3	95	44.9	96.2	63.2	15.3	206
彬—长	泾明乡	36.2	59.4	93	59.8	104	24.7	14.1	214
彬—长	芋元乡	17.8	22.6	56	42.3	54	60.5	40.6	164
彬—长	彭公乡	9.6	29.1	63	52.5	64.2	51.7	31.8	174
彬—长	丁家镇	4.7	27.9	62	61	72.7	45	25.2	182
彬—长	昭仁镇	1.8	23.7	57	59.2	70.9	45.8	25.9	178
彬—长	独店镇	31.3	49.7	88	90.8	96.5	55.7	51.2	131
彬—长	枣元乡	13.9	36.9	71	73.4	85.1	59.7	39.8	191
彬—长	邵寨镇	68.5	91.4	125	128	127	42.1	73.2	233
彬—长	平子镇	60.3	65.1	99	33.2	18.2	103	82.1	128
彬—长	太村镇	73	49.7	18	105	78.3	119	98.9	109
彬—长	新民镇	51.3	27.9	29	82.8	71.4	97	77.2	127
彬—长	城关镇	37.9	14.6	20	93.4	52.4	83.6	63.7	102
彬—长	炭店乡	53.2	30.2	21	93.6	82.3	99.3	79.4	138
旬邑—宜君	马栏镇	130.3	106	64	130	76.2	183	152	58.7
旬邑—宜君	玉华镇	161	138	105	145	94.3	225	187	23.4
旬邑—宜君	太安镇	171.1	148	116	155	105	236	197	22.5
旬邑—宜君	哭泉乡	189.1	166	134	173	122	235	215	13.7
旬邑—宜君	棋盘镇	202.1	179	147	186	136	248	228	26.7
旬邑—宜君	山岔乡	227	204	172	186	160	269	234	55.7
旬邑—宜君	腰坪乡	2119	176	144	149	133	232	197	50.5
富县	吉子现乡	242.8	245	213	189	149	271	237	105
富县	旧县镇	254.1	252	220	200	160	297	248	104

油区	乡镇	长武	彬县	旬邑	宁县	正宁县	泾川	长庆桥	金锁关
富县	张村驿镇	246.6	249	217	188	153	269	239	116
富县	阳泉镇	252	254	222	198	158	281	246	118
富县	钳二乡	261.1	263	231	207	167	290	255	128
富县	北道德乡	258.1	260	228	199	164	281	247	127
富县	直罗镇	231.4	236	237	171	173	252	219	136
富县	岔口乡	269.7	275	250	209	182	290	257	134
富县	交道镇	273.6	272	240	220	130	302	268	124
富县	牛武镇	275.3	273	241	221	181	304	270	125
富县	道镇	291.8	290	258	237	198	318	285	142
富县	南道德乡	222.7	225	193	170	129	251	217	93
富县	寺仙镇	226.8	229	197	174	133	256	221	97.1
富县	富城镇	272.9	271	240	217	180	298	265	124
富县	洛阳乡	269.3	267	235	214	175	293	260	119
富县	茶坊镇	274.2	272	240	221	180	301	268	124
富县	菩提乡	278.3	276	244	225	184	307	273	129
富县	洪福梁乡	268.2	266	234	215	174	297	263	118
富县	盘山镇	284.6	283	250	232	191	313	279	135
富县	小寺庄乡	291.3	289	257	238	197	320	286	141

附表2　中石化某油田企业仓储设施投资估算汇总

序号	指标名称	单价（万元）	建设＋租赁方案		租赁方案	
			数量	金额（万元）	数量	金额（万元）
一	工程费用			13879.3		13806.3
1	工作区			8942.5		8942.5
1.1	厂房			6448.0		6448.0
1.1.1	化工材料库（平方米）	0.16	22414	3586.2	22414	3586.2
1.1.2	压裂材料库（平方米）	0.16	4778	764.5	4778	764.5
1.1.3	综合材料库（平方米）	0.16	9751	1560.2	9751	1560.2

序号	指标名称	单价（万元）	建设+租赁方案		租赁方案	
			数量	金额（万元）	数量	金额（万元）
1.1.4	质检修复用房（平方米）	0.16	3357	537.1	3357	537.1
1.2	工艺设备			992.0		992.0
1.2.1	Z27抓管机（台）	32	6	192.0	6	192.0
1.2.2	16吨龙门吊（跨度35米）（台）	65	2	130.0	2	130.0
1.2.3	1吨电瓶车（台）	7	16	112.0	16	112.0
1.2.4	5吨叉车（台）	25	16	400.0	16	400.0
1.2.5	100吨地磅（台）	20	4	80.0	4	80.0
1.2.6	卧式带锯床（台）	13	6	78.0	6	78.0
1.3	混凝土场地（平方米）	0.012	125207	1502.5	125207	1502.5
2	办公生活（平方米）	0.2	10327	2065.4	10327	2065.4
3	混凝土道路（平方米）	0.022	27540	605.9	27540	605.9
4	绿化（100平方米）	0.3	245	73.5	0	0.0
5	配套工程			2072.5		2072.5
6	信息工程			120.0		120.0
二	土地征用费（万元/亩）	30	184	5518.1	0	0.0
三	基本预备费（5%）			969.9		690.3
四	建设投资			20367.8		14496.6

参考文献

［1］杨东红．石化企业物流系统评价及优化研究［D］．东北石油大学，2013.

［2］Christopher M. Logistics and supply chain management［M］. Financial Times Prentice Hall，4th Revised Edition，2010.

［3］兰洪杰．电子商务下的配送问题浅析［J］．中国流通经济，2001（1）：10.

［4］张艳．提高油田物资计划管理水平的措施与建议［J］．山东社会科学，2012（5）：103－104.

［5］刘善仕，凌文辁．德尔菲法在企业人力资源预测中的运用［J］．企业经济，2003（2）：116－117.

［6］高玲，温贤秀，邓静，廖力姗，李艳，白晓霞．运用德尔菲法制定手术室低年资护士培训需求调查问卷［J］．护理研究，2011（23）：45－47.

［7］冉文格．浅析德尔菲法在预测研究中的应用［J］．情报理论与实践，1989（4）：9－11.

［8］李丽丽．基于灰色建模技术的大规模地震应急救援物资需求预测研究［D］．重庆工商大学，2013.

［9］牛永界，郭继坤．组合预测法在战时单兵日均物资需求预测中的应用［J］．后勤工程学院学报，2008（4）：66－69.

［10］陈章潮，熊岗．应用改进的灰色 GM（1，1）模型进行长期电

169

力需求预测〔J〕. 电力系统自动化, 1993 (7): 20 - 24.

〔11〕毛文晋, 郑寿春. 改进 GM (1, 1) 模型在四川天然气需求预测中的应用〔J〕. 西南石油大学学报, 2010 (6): 19 - 21.

〔12〕丁浩, 石昊栋. 基于案例推理的我国石油企业海外突发事件应急物资需求预测〔J〕. 中国安全生产科学技术, 2013 (9): 177 - 182.

〔13〕王晓, 庄亚明. 基于案例推理的非常规突发事件资源需求预测〔J〕. 华东经济管理, 2011, 25 (1): 115 - 117.

〔14〕刘德元, 朱昌锋. 基于相似案例推理的应急物资需求预测方法研究〔J〕. 兰州交通大学学报, 2013 (4): 119 - 123.

〔15〕戴宏, 付永山. 利用时间序列分解工具改进物资需求计划的探索及应用〔J〕. 铁路采购和物流, 2011 (8): 41 - 43.

〔16〕曾中文. 配送中心需求量的时间序列预测方法研究〔J〕. 物流科技, 2007 (8): 44 - 46.

〔17〕后锐, 张毕西. 基于 MLP 神经网络的区域物流需求预测方法及其应用〔J〕. 系统工程理论与实践, 2005 (12): 43 - 47.

〔18〕张拥军, 叶怀珍, 任民. 神经网络模型预测运输货运量〔J〕. 西南交通大学学报, 1999, 34 (5): 602 - 660.

〔19〕孟参. 基于模糊评判及灰色神经网络的应急物资库存管理研究〔D〕. 武汉理工大学, 2007.

〔20〕王新利, 赵琨. 基于神经网络的农产品物流需求预测研究〔J〕. 农业技术经济, 2010 (2): 62 - 68.

〔21〕Zhang H Q, Xu J Y. Research on emergency material demand forecasting model in disaster based on MLR - CBR〔J〕. Proceedings of the 2010 International Conference of Logistics Engineering and Management, 2010 (387): 2888 - 2894.

〔22〕Ma Q F, Shi S Y, Liang Y. Research on simulation method of material demand forecast〔J〕. Communications in Computer and Information Science, 2012, 327 (2): 345 - 352.

[23] Lu C J, Wang Y W. Combining independent component analysis and growing hierarchical self – organizing maps with support vector regression in product demand forecasting [J]. International Journal of Production Economics, 2010, 128 (2): 603 – 613.

[24] Lo C Y, Hou C I, Pai Y Y. An intelligent demand forecasting model with back propagation neural network for fish product [J]. Research Journal of Applied Sciences, Engineering and Technology, 2011, 3 (5): 447 – 455.

[25] Tiwari M K, Adamowski J. Urban water demand forecasting and uncertainty assessment using ensemble wavelet – bootstrap – neural network models [J]. Water Resources Research, 2013, 49 (10): 6488 – 6507.

[26] Sheu J B. An emergency logistics distribution approach for quick response to urgent relief demand in disasters [J]. Transportation Research Part E: Logistics and Transportation Review, 2007, 43 (6): 687 – 709.

[27] Ali B A, Jabalameli M, S, Mirzapour S M J. A multi – objective robust stochastic programming model for disaster relief logistics under uncertainty [J]. OR Spectrum, 2013, 35 (4): 905 – 933.

[28] Li, M T, Li, C B. A study on application of virtual variables model in the forecasting of material demand in oil field oil drilling [C]. 1st International Conference on Information Science and Engineering, 2009: 3737 – 3740.

[29] Sun B Z, Ma W M, Zhao H Y. A fuzzy rough set approach to emergency material demand prediction over two universes [J]. Applied Mathematical Modeling, 2013, 37 (10): 7062 – 7070.

[30] You W C, Tang, Z S, Hong, Y J. Study on prediction of coal demand by the improved artificial fish – swarm neural network [J]. Advanced Materials Research, 2013 (805): 1489 – 1493.

[31] Qi Z, Gu Y L, Wei T, Cai J J. Supply and demand forecasting of Blast Furnace Gas based on artificial neural network in iron and steel works [J]. Manufacturing Science and Materials Engineering, 2012 (443): 183 – 188.

［32］Yarlagadda P K D V. Prediction of die casting process parameters by using an artificial neural network model for zinc alloys［J］. International Journal of Production Research, 2000, 38（1）：119 - 139.

［33］Jebaraj S. Forecasting of commercial energy consumption in india using artificial neural network［J］. International Journal of Global Energy, 2007, 27（3）：276 - 301.

［34］宋斌, 卜涛, 张红青. 电网建设项目物资需求预测研究［J］. 技术与方法, 2013, 32（3）：319 - 321.

［35］张斌, 陈建国, 吴金生等. 台风灾害应急物资需求预测模型［J］. 清华大学学报（自然科学版）, 2012, 52（7）：891 - 895.

［36］辜勇. 基于传染病疫情防控机理的应急物资需求分析［J］. 武汉理工大学学报, 2010（4）：707 - 711.

［37］蔡开龙, 姚武文, 孙云帆等. 飞机战伤抢修备件需求预测方法研究［J］. 电光与控制, 2010, 17（12）：60 - 63.

［38］刘诚, 陈治亚. 基于最小成本的多物资需求的协作供应［J］. 系统工程, 2006, 24（4）：13 - 16.

［39］田世金. 地区物资需求预测方法实例介绍［J］. 中国物资, 1991（3）：43 - 45.

［40］李梦婷. 朱帅. 李成标等. 虚拟变量模型在油田钻井类物资需求预测中的应用［J］. 科技创业, 2009（5）：85 - 86.

［41］赵一兵. 高虹霓. 冯少博等. 基于支持向量回归的应急物资需求预测［J］. 计算机仿真, 2013（8）：408 - 411.

［42］王先远. 黎志成. 蔡淑琴等. 企业物资需求预测神经网络专家系统［J］. 华中理工大学学报, 1993（4）：183 - 188.

［43］蒋兆远. 粒子群优化BP神经网络在应急物资需求预测中的应用研究［D］. 兰州交通大学, 2013.

［44］郭金芬, 周刚等. 大型地震应急物资需求预测方法研究［J］. 价值工程, 2011（22）：27 - 28.

［45］戴禾等. 物流园区选址问题研究［J］. 综合运输，2001（2）：35－36.

［46］王静. 基于库存决策的配送中心选址问题优化研究［D］. 武汉理工大学，2012.

［47］Barahona F, Jensen D. Plant location with minimum inventory［J］. Mathematical Programming, 1998, 83（1）：101－111.

［48］Daskin M S, Coullard C R, Shen Z M. An inventory－location model：Formulation, solution algorithm and computational results［J］. Annals of Operation Research, 2002, 110（1）：83－106.

［49］Shen Z M. Counllard C, Daskin M S. A joint location－inventory model［J］. Transportation Science, 2003, 37（1）：40－55.

［50］Shu J, Teo C P, Shen Z M. Stochastic transportation－inventory network design problem［J］. Operation Research, 2005, 53（1）：48－60.

［51］Nozick L K, Turnquist M A. Two－echelon inventory allocation and distribution center location analysis［J］. Transportation Research Part E, 2001, 37（6）：425－441.

［52］Teo C P, Ou J H, Goh K H. Impact on inventory costs with consolidation of distribution centers［J］. IIE Transactions, 2001, 33（2）：99－110.

［53］Chen G, Daskin M S, Shen Z J M. et al. The α－reliable mean－excess regret model for stochastic facility location modeling［J］. Naval Research Logistics, 2006（53）：617－626.

［54］Snyder L V, Daskin M S, Teo C P. The stochastic location model with risk pooling［J］. European Journal of Operational Research, 2007, 179（3）：1221－1238.

［55］Vidyarthi N, Celebi E, Elhedhli S, et al. Integrated production－inventory－distribution system design with risk pooling：Model formulation and heuristic solution［J］. Transportation Science, 2007, 41（3）：392－408.

［56］黎青松，袁庆达，杜文．一个结合库存策略的物流选址模型［J］．西南交通大学学报，2000，35（3）：315－318.

［57］张长星，党延忠．整合库存控制的分销网络设计模型［J］．系统工程，2003，21（2）：107－111.

［58］谭凌，高峻峻，王迎军．基于库存成本优化的配送中心选址问题研究［J］．系统工程学报，2004，19（1）：59－65.

［59］姜大立，杨西龙．易腐物品配送中心选址模型及其算法［J］．系统工程理论与实践，2003（2）：62－68.

［60］孙会军，高自友．考虑路线安排的物流配送中心选址双层规划模型及求解算法［J］．中国公路学报，2003，16（2）：115－120.

［61］唐凯，杨超，杨裙．随机多阶段分销网络设计模型［J］．中国管理科学，2007，15（6）：98－104.

［62］秦绪伟，范玉顺，尹朝万．随机需求下的选址库存配送系统集成规划模型及算法［J］．控制理论与应用，2006，23（6）：853－860.

［63］戴更新，于龙振，陈常菊．基于混合遗传算法的多配送中心选址问题研究［J］．物流技术，2006（6）：38－42.

［64］黄松，杨超．随机需求下联合选址—库存模型研究［J］．中国管理科学，2009，17（5）.

［65］刘荣．基于 K－均值聚类遗传算法的联合选址库存模型研究［D］．华中师范大学，2011.

［66］张艳霞，马丽娟．物流中心选址问题研究现状［J］．商业研究，2005（10）：157－158.

［67］梁川．物流仓库选址优化方法研究［J］．物流技术，2013，32（1）：172－174.

［68］丁浩，张琪．用 SA 算法选址海外石油工程应急物流仓库［J］．油气田地面工程，2012，31（10）：1－2.

［69］陶明．胜利油田区域物流配送中心选址研究［D］．大连理工大学，2008.

［70］祝崇隽，刘民，吴澄．供应链中车辆路径问题的研究进展及前景［J］．计算机集成制造系统 – CIMS，2001，7（11）：15 – 17.

［71］Gillett B E，Miller L R．A Heuristic algorithm for the vehicle dispatch problem［J］．Operations Research，1974（22）：340 – 349.

［72］Toth C M．Cominatorial Optimization［M］．Wiley，Chichester，1979.

［73］Gendreaum H L．A tabu search heuristic for the vehicle routing problem［M］．Montreal：Public action，Centrederecher Chesurles Transports，1991.

［74］Taillard E．Parallel Interactive Search Method for Vehicle Routing Problem［J］．Networks，1993（23）：661 – 673.

［75］姜大立，杨西龙，杜文，周贤伟．车辆路径问题的遗传算法研究［J］．系统工程理论与实践，1999（6）：40 – 45.

［76］顾志康，李旭宏，徐家兵．一种改进遗传算法在物流配送车辆调度中的应用研究［J］．公路交通科技，2004（11）：118 – 120.

［77］胡大伟，朱志强，胡勇．车辆路径问题的模拟退火算法［J］．中国公路学报，2006（4）：123 – 126.

［78］王素欣，高利，崔小光，陈雪梅．多集散点车辆路径问题及其蚁群算法研究［J］．系统工程理论与实践，2008（2）：143 – 147.

［79］蔡延光，钱积新，孙优贤．多重运输调度问题模拟退火算法［J］．系统工程理论与实践，1998（10）：10 – 13.

［80］孟凡龙．煤炭物流系统的体系结构分析［J］．现代商业，2013（3）：23 – 31.

［81］喜崇彬．日化行业供应链与物流系统建设［J］．物流技术与应用，2013（3）：80 – 87.

［82］宋炜．物流结点建设项目经济评价及社会效益评价［D］．西南交通大学，2005.

［83］Venkatesh K，Ravi V，Prinzie A，Van D P D．Cash demand forecasting in ATMs by clustering and neural networks［J］．European Journal of Operational Research, 2014, 232 (2): 9383 – 9392.

［84］Aguezzoul A. Multi – criteria decision making methods for Third – Party logistics evaluation ［C］. Logistics for Sustained Economic Development – Infrastructure, Information, Integration – Proceedings of the 2010 International Conference of Logistics Engineering and Management, 2010: 1055 – 1062.

［85］Yang Z Q. Logistics evaluation by parallel vector regression and chaos embedded particle swarm algorithm ［J］. Journal of Computational Information System, 2012, 8 (14): 5851 – 5858.

［86］Zeng M G, Wang X L. Research of automotive logistics evaluation system based on modified AHP ［C］. 4th International Conference on Logistics and Supply Chain Management, 2012: 60 – 65.

［87］Yan J Y, Chaudhry P E, Chaudhry S S. A model of a decision support system based on case – based reasoning for third – party logistics evaluation ［J］. Expert Systems, 2003, 20 (4): 196 – 207.

［88］Shao J P, He K T, Dong S H, Wu L H, Ma T Y, Wang D. Evaluation model of regional logistics competence based on hierarchy and fuzzy decision ［C］. IEEE International Conference on Industrial Informatics (INDIN), 2008: 245 – 250.

［89］巫汝春. 港口物流能力评价体系研究 ［D］. 武汉理工大学, 2008.

［90］张化, 施国洪. 企业物流系统的经济评价方法探析 ［J］. 价值工程, 2004 (5): 123 – 126.

［91］刘源. 基于 DEA 方法的企业物流系统效益评价 ［J］. 经济经纬, 2001 (5): 54 – 55.

［92］Mallat S. Multiresolution approximations and wavelet orthonormal bases of L2 (R) ［J］. Transactions of the Acerican Mathematical Society, 1989 (315): 69 – 87.

［93］Daubechies I. Orthnormal bases of compactly supported wavelets

［J］. Communications on Pure and Applied Mathematics，1988，41（7）：909 – 996.

［94］ Daubechies I. The wavelet transform，time – frequency localization and signal analysis［J］. IEEE Transactions on Information Theory，1990，36（5）：961 – 1005.

［95］ Mallat S. A theory of multiresolution signal decomposition：The wavelet representation［J］. IEEE Transactions on Pattern Analysis and Machine Intelligence，1989（11）：674 – 693.

［96］ Mallat S. Multifrequency channel decomposition of images and wavelet models［J］. IEEE Transactions on Acoustics，Speech，and Signal Processing，1989，37（12）：2091 – 2110.

［97］ 王小华，何怡刚，曾喆昭. 神经网络在 4 型 FIR 滤波器的优化设计研究［J］. 电路与系统学报，2003，8（5）：97 – 100.

［98］ 付加锋，蔡国田，张雷. 基于灰色神经网络的能源消费组合预测模型［J］. 资源开发与市场，2006，22（3）：216 – 219.

［99］ 胡守仁等. 神经网络导论［M］. 长沙：国防科技大学出版社，1993.

［100］ Weser A. Theory of the location of industries［M］. The Onivesity of chicago Press，1909.

［101］ 马良，蒋馥. 约束多目标选址问题及其算法［J］. 运筹与管理，1998，7（2）：7 – 12.

［102］ 林晓颖. 单目标选址问题的研究［J］. 哈尔滨商业大学学报（自然科学版），2005，21（4）：522 – 524.

［103］ 孙晓飞，张强. 物流配送中心选址的多目标优化模型［C］. 第十二届中国管理科学学术年会，2010：468 – 473.

［104］ Brimberg J, Drezner，Z. A new heuristic for solving the p – median problem in the plane［J］. Computers and Operations Research，2013，40（1）：427 – 437.

［105］Serra D. The Coherent Covering Location Problem ［J］. Regional Science，1996，75（1）：79 – 101.

［106］Drezber T，Drezner Z. Modelling lost demand in competitive facility location ［J］. Journal of the Operational Research Society，2012，63（2）：201 – 206.

［107］郭均鹏，吴育华. 区间线性规划的标准型及其求解 ［J］. 系统工程，2003，21（3）：79 – 82.

［108］丁小东，姚志刚，程高. LINGO 语言与 0 – 1 混合整数规划选址模型的再结合 ［J］. 物流工程与管理，2009，31（10）：72 – 75.

［109］倪金林. 遗传算法求解约束非线性规划及 Matlab 实现 ［J］. 大学数学，2005，21（1）：5 – 9.

［110］韦凌云，柴跃廷，赵玫. 不等式约束的非线性规划混合遗传算法 ［J］. 计算机工程与应用，2006（22）：46 – 50.

［111］朱会霞，王福林，张勇，张帆. 改进遗传算法优化非线性规划问题 ［J］. 数学的实践与认识，2013，43（7）：117 – 125.

［112］Goldengorin B，Ghosh D，Sierksma G. Branch and peg algorithms for the simple plant location problem ［J］. Computers and Operations Research，2003，30（7）：967 – 981.

［113］王杰荣，基于可拓层次分析法的离行式 ATM 选址评价研究 ［D］. 哈尔滨工业大学，2013.

［114］张锡平，吴甦，林亨，徐超，王剑钊，李勇，路晖. 2005 中国物流总成本研究 ［J］. 中国物流与采购，2005（1）：24 – 29.

［115］李伟，赵建军，王超. 基于 Matlab 可视化界面的单缝衍射仿真分析 ［J］. 计算机应用与软件，2012，29（7）：220 – 222.

［116］郭卫刚，韩维，王秀霞. 基于 Matlab/Flightgear 飞机飞行性能的可视化仿真系统 ［J］. 实验技术与管理，2010，27（10）：110 – 112.

［117］徐静，董雁，吴雪萍. 基于 MATLAB 的齿轮传动可视化编程技术的研究 ［J］. 机电工程技术，2005，34（6）：43 – 46.

［118］王娟，黄培清．物流绩效财务评价系统［J］．物流技术与应用，2000（3）：27－28．

［119］李玉明，王海宏．基于 DEA 方法的企业物流系统绩效评价模型探讨［J］．物流科技，2006（3）：84－86．

［120］魏新军．模糊聚类方法在物流绩效衡量中的应用［J］．物流技术，2003（8）：29－32．

［121］张铎，林自葵．电子商务与现代物流［M］．北京：北京大学出版社，2002．

［122］马红艳，张光明，盛永祥．评价物流企业绩效的效用理论方法［J］．华东船舶工业学院学报，2003（12）：78－83．

［123］黄福华．浅析零售企业跨区域发展的物流绩效评价目标［J］．商业时代，2003（20）：61－62．